民族文化技能传承系列教材

酉阳民俗与礼仪概论

主 编

黄梦 张娅 鞠波

中国财经出版传媒集团
中国财政经济出版社

图书在版编目（CIP）数据

酉阳民俗与礼仪概论/黄梦，张娅，鞠波主编. --北京：中国财政经济出版社，2022.2

民族文化技能传承系列教材

ISBN 978-7-5223-0903-3

Ⅰ.①酉… Ⅱ.①黄… ②张… ③鞠… Ⅲ.①风俗习惯-介绍-酉阳土家族苗族自治县 Ⅳ.①K892.471.94

中国版本图书馆CIP数据核字（2021）第224458号

责任编辑：蔡　宾　　　　　　　责任校对：徐艳丽
封面设计：陈宇琰

酉阳民俗与礼仪概论
YOUYANG MINSU YU LIYI GAILUN

中国财政经济出版社 出版

URL：http：//www.cfeph.cn
E-mail：cfeph@cfeph.cn

（版权所有　翻印必究）

社址：北京市海淀区阜成路甲28号　邮政编码：100142
营销中心电话：010-88191522　编辑部门电话：010-88190666
天猫网店：中国财政经济出版社旗舰店
网址：https：//zgczjjcbs.tmall.com
北京中兴印刷有限公司印刷　各地新华书店经销
成品尺寸：185mm×260mm　16开　10.5印张　183 000字
2022年2月第1版　2022年2月北京第1次印刷
定价：30.00元
ISBN 978-7-5223-0903-3
（图书出现印装问题，本社负责调换，电话：010-88190548）
本社图书质量投诉电话：010-88190744
打击盗版举报热线：010-88191661　　QQ：2242791300

  酉阳土家族苗族自治县是具有悠久人文、革命历史的少数民族聚居地。素有"渝东南门户、湘黔咽喉"之称，并且民族文化源远流长。为了更好地整理和流传酉阳当地土家族苗族文化，所以整理编纂本书。本书作为校本教材出版，可让中职学生更好地学习和传承优秀的民族文化。

  中国是统一的多民族国家，各个民族在长期的历史发展过程中都形成了自己的民俗文化和礼仪，民俗礼仪文化是丰富多彩的。

  民俗，是一个国家、地区、民族或社会群体在长期的生产实践和社会生活中逐渐形成并世代相传、较为稳定的文化，这种文化既来自于人民，传承于人民，规范于人民，又深藏在人民的行为、语言和内心之中，可以简单概括为民间流行的风尚和习俗。

  礼仪，是人们在社会交往活动中，为了相互尊重，在仪容、仪表、仪态、仪式、言谈举止等方面约定俗成的，对人、对己、对大自然，表示尊重、敬畏和祈求等思想意识的各种惯用形式和行为规范，是人类为维系社会正常生活而要求人们共同遵守的最起码的道德规范，它是在人们长期共同生活和相互交往中逐渐形成的，并且以风俗、习惯和传统等方式固定下来。

  礼仪是一种礼节性仪式行为规范，民俗是一种人们的风气结成且流传下来的一种风俗、习惯，二者不能等同，但其关系是极为密切的。有些民俗经过一定的整理便可上升为礼仪，有些礼仪本身则是起源于民间风俗。在远古时代，社会的各个阶层都有自己的风俗，这些民间的风俗，有些上升为民间的礼节，若能在相当范围内受到大众赞许并得以普遍遵循，便具备了礼的要素，就成为民间的礼仪、礼制。反之，某些礼仪随着社会的发展，由于朝代的更替以及统治者的取舍不同，已经不为官方所推行，只在民间世代相传，形成相对稳定的风俗习惯而保存下来，虽几经改易，面目有所不同，但仍依稀可见远古时代相关礼仪的影子。

本书的主编为黄梦老师、张娅老师、鞠波老师，副主编为黄城老师、左珊老师，参编为黄娅琴老师、杨怡然老师、谢慧玲老师、李慧毅老师、田文婷老师。本书由黄梦老师总撰和定稿。重庆邮电大学周兴茂教授对全书进行了审阅。

民俗礼仪文化不仅向世人展示了深邃的文化内涵，而在现实社会发展中也具有深远而特殊的意义。曾有人为之发出慨叹，说："一个失去文化根基的民族，是肤浅的民族，一个失去历史遗存和记忆的城市，是令人悲哀的城市。"这充分表明了传统的民俗礼仪文化，在漫长的历史长河中是不可或缺的。它是我们的祖先千百年生活实践中创造和积累的文化，是民族的文化记忆和彰显文化身份的依据，同时，也是一个民族的根基和发展的动力，它记载着一个国家、一个民族文明历史的脚印。传统的民俗礼仪文化资源不可再生，一旦失去，将无法挽回。酉阳有2200年建县史和600多年的土司制，是800年的州府所在地。地域文化特色分明，民俗民风蕴涵深厚。编写组想通过本书介绍，让广大读者更深层次地了解酉阳，走进酉阳。

聊以为序，以志出版。

编者

2021年10月

目录 CONTENTS

◎ 第一章　酉阳民俗的特点及其变迁　　1
　　第一节　酉阳民族、民俗概况　　2
　　第二节　酉阳民俗特点　　6
　　第三节　酉阳民俗变迁　　9

◎ 第二章　酉阳土家族民俗　　16
　　第一节　酉阳土家族的节日民俗　　17
　　第二节　酉阳土家族的生产生活民俗　　30
　　第三节　酉阳土家族的交际民俗　　45
　　第四节　酉阳土家族的信仰禁忌民俗　　49
　　第五节　土家族的家族民俗　　56
　　第六节　土家族的民间文艺习俗　　57

◎ 第三章　酉阳苗族民俗　　58
　　第一节　酉阳苗族节日民俗　　59
　　第二节　酉阳苗族的生产生活民俗　　63
　　第三节　酉阳苗族的交际民俗　　71
　　第四节　酉阳苗族信仰禁忌民俗　　73
　　第五节　酉阳苗族家族民俗　　76
　　第六节　苗族的民间文艺民俗　　79

第四章　酉阳其他民族民俗　　85
　　第一节　酉阳侗族民俗　　86
　　第二节　酉阳布依族民俗　　89

第五章　中华民族的基本礼仪　　92
　　第一节　中华民族是礼仪之邦　　93
　　第二节　礼仪的基本知识　　97
　　第三节　个人礼仪　　102
　　第四节　公务礼仪　　111

第六章　酉阳土家族礼仪　　117
　　第一节　诞生礼　　118
　　第二节　婚礼和成年簪冠礼　　119
　　第三节　寿礼　　126
　　第四节　丧葬礼仪　　128
　　第五节　其他礼仪　　134

第七章　酉阳苗族礼仪　　136
　　第一节　诞生礼　　137
　　第二节　婚礼和成年簪冠礼　　141
　　第三节　寿礼　　151
　　第四节　丧葬礼仪　　153
　　第五节　其他礼仪　　157

后　记　　161

参考文献　　162

第一章
酉阳民俗的特点及其变迁

学习目标

- 了解酉阳民族、民俗概况
- 掌握酉阳民俗的特点
- 理解酉阳民俗的变迁
- 能讲解酉阳民俗的变迁

第一节 酉阳民族、民俗概况

> **问题导入**

中国是统一的多民族国家，各族人民在长期的历史发展进程中共同创造了璀璨的中华文明，各民族在历史发展中也创造出具有自身民族特色的民俗文化。请举例说明你所了解的民俗文化有哪些？

酉阳土家族苗族自治县位于渝、鄂、湘、黔四省市结合部，东邻湖南省龙山县，南与秀山县、贵州省松桃、印江县接壤，西与贵州沿河县隔乌江相望，西北与彭水县，正北与黔江区、湖北省咸丰、来凤县相连，是出渝达鄂、湘、黔的重要门户，素有"渝东南门户、湘黔咽喉"之称。酉阳地处武陵山区腹地，县城坐落于两山之间，酉城河穿城而过，东西宽98.3公里，南北长119.7公里；酉阳县面积为5173平方公里，是重庆市面积最大的区县。

一、民族概况

酉阳县是一个少数民族聚居区，土家族、苗族是两大主体少数民族，此外还散居着土族、壮族、侗族、彝族、布依族、瑶族、仡佬族、蒙古族、藏族、回族、白族、满族、哈尼族、佤族、傣族、黎族、朝鲜族、畲族、拉祜族、仫佬族、羌族、门巴族、维吾尔族、水族、纳西族、傈僳族、布朗族、撒拉族、独龙族29个少数民族。根据2020年11月1日零时第七次全国人口普查结果表明，全县常住人口为607338人，其中土家族人口为507349人，占为83.54%；苗族人口为54232人，占8.93%；汉族人口为44307人，占7.30%；其他各少数民族人口为1450人，占0.23%。

> **知识链接**

中华民族有着悠久的历史，从遥远的古代起，中华各民族人民的祖先就劳动、生息、繁衍在我们祖国的土地上，共同为中华文明和建立统一的多民族国家而贡献自己的才智。中华民族的概念，最早是由梁启超在其1902年《论中国学术思想之变迁之大势》的著作中提出。中华民族共包括56个民族，汉族是中国的主体民族，其他还有

55个少数民族。在全国人口中，汉族人口为1286311334人，占91.11%；各少数民族人口为125467390人，占8.89%（第七次人口普查）。汉族和55个少数民族共同组成了伟大的中华民族，中国是一个由56个民族共同组成的统一的多民族国家，除此之外，也有数个未被中华人民共和国官方认定的未识别民族。

二、民俗概况

酉阳地处武陵山区腹地，有2200年建县史和600多年的土司制，是800年的州府所在地，历史上是巴、楚两国交界之地，在长期的历史发展过程中，形成了独特的土家摆手舞、酉阳民歌、多神崇拜、节庆习俗、歌舞灯戏等璀璨夺目的原生态民俗文化，地域文化特色分明、民俗民风深厚。

◆ 知识链接

酉阳建置沿革：上古为梁州之域；春秋为巴、楚两国交界之地；秦属巴郡；两汉为巴郡涪陵、武陵郡迁陵二县地；晋永嘉后没于蛮獠；隋为务川县地；唐属思州（州治先后在贵州凤冈和岑巩）务川和黔州洪杜县地；五代再次没于蛮；北宋复属思州；南宋淳熙元年（1174年）始置酉阳州，州治蚂蝗官坝，庆元（1196年）州治迁铜鼓潭衙院，为冉氏土官地；元置酉阳州，属怀德府（治所在今湖北恩施）；元仁宗延祐元年（1314年）改酉阳等处军民宣慰司（土司）；明洪武四年（1371年）仍为州，八年（1375年）又为宣抚司，属四川都司；明永乐十六年（1418年）改隶重庆府；清天启初升为宣慰司；清雍正十三年（1735年）"改土归流"酉阳置县，次年升直隶州，再辖秀山、黔江、彭水3县，隶四川行省；民国二年（1913年）废州为县；民国二十四年（1935年）酉阳设四川省第八行政督察专员公署，辖酉阳、秀山、黔江、彭水、武隆、石柱、南川、涪陵、丰都9县；1949年11月11日，酉阳解放；1950~1952年设酉阳地区行政公署，属川东行署，辖酉阳、秀山、黔江3县；1952年9月，撤酉阳地区专员公署并入涪陵行政专员公署，酉阳县改隶涪陵行政专员公署；1983年11月11日，成立酉阳土家族苗族自治县，撤销酉阳县，酉阳土家族苗族自治县的行政区域以原酉阳县的行政区域为行政区域；1988年5月18日，国务院行文批复四川省政府《关于设立四川省黔江地区的请示》，批复同意将设立黔江地区。酉阳自治县隶属黔江地区；1994年，撤销全自治县的区委、区公所、新组建党的工作委员会；1996年，重庆市受四川省委托代管万县市、涪陵地区和黔江地区，酉阳自治县隶属于重庆市黔江地区；

1997年3月14日，第八届全国人民代表大会第五次会议通过了国务院关于设立重庆直辖市的议案，酉阳自治县正式隶属于重庆直辖市黔江地区。1998年2月下旬，经中共中央、国务院批准，撤销黔江地区，设立重庆市黔江开发区，开发区设置党工委和管委会，为重庆市委、市政府的派出机构，代管石柱、秀山、酉阳、彭水、黔江5个自治县，酉阳自治县隶属于重庆市黔江开发区。2000年7月，黔江撤地区建区，酉阳自治县划归重庆市直辖。

酉阳是中国土家摆手舞之乡，摆手舞是土家族最主要的标志性文化形态。民间自古就有"北跳丧，南摆手"的说法。摆手舞是以摆手为基本特征的祭祀性舞蹈，是土家人酬报先祖和传承民族文化的重要形式。主要传承于酉水河中、下游地区，根据表演形式、内容、规模和祭祀主体的不同，摆手舞可分为"大摆手"和"小摆手"两种，摆手舞的基本动作有"单摆""双摆"和"回旋摆"，其基本动律为：手脚同边，下不过膝，上不过肩，身体下沉而微有颤抖。主要表现内容涉及人类起源、神话传说、民族迁徙、古代战争、狩猎捕鱼、刀耕火种、生产劳动、饮食起居等社会生活的方方面面。一系列的土家摆手舞，实则是一部活生生的土家民族发展史。

酉阳民歌主要分为劳动歌、爱情歌、闲情歌、苦情歌、哭嫁歌、红军歌、新民歌等种类。酉阳民歌是颇具特色的民族民间艺术形式，生动活泼，形象鲜明，音韵自然，风格朴素，具有很强的艺术感染力。2008年6月7日，酉阳民歌与酉阳土家摆手舞一起，被国务院列为第二批国家级非物质文化遗产名录。

酉阳节庆民俗是非常多的，几乎每月都有，全年有二三十个节日。但随着社会的不断发展，有些节日民俗已经淡化，在众多的节日中，人们最看重的是春节、清明节、端午节、月半节、中秋节等重大节日。在这些节日中，既有隆重的家庭家族及其社交活动，也有隆重的祭祀仪式；既有社会特征，也有信仰特征。

在生产生活上，经过漫长的历史发展，生产方式由茹毛饮血到采集渔猎，后又逐渐发展为刀耕火种的原始农业生产，再转变为现在的原始生产与现代化生产相结合。酉阳饮食多为旱地作物，如玉米、红薯、豆类、辣椒等，在当代主要以大米为主。菜肴的突出特点是酸、辣、干，如泡菜、辣椒、土腊肉、盐菜、酢广椒、合渣、豆腐等，特色美食主要有油茶汤、油粑粑、腊肉、社饭、菜豆腐等。

议一议

为什么酉阳当地的人们喜食酸、辣、干的菜肴？

酉阳民间文学、艺术及其体育活动是丰富多彩的。在民间文学中，主要有神话、民间歌谣、民间传说、民间故事、民间谚语和谜语、民间歇后语等。如著名的梯玛神歌、摆手歌、丧鼓歌、哭嫁歌、上梁歌、薅草锣鼓歌、情歌、劳动号子等，堪称民间文学的瑰宝。在民间艺术中，有标志性的摆手舞和西兰卡普织锦艺术，还有毛古斯、哭嫁歌、玩龙灯、跳花灯、赛龙舟、三棒鼓、傩戏等。在文体活动中，品种繁多，如民间棋类，有裤裆棋、牛角棋、成三棋等；民间体育有滚铁环、放风筝、跳绳、踢毽子、打陀螺、丢手绢、打水漂、荡秋千、扳手劲、爬树、爬山等。

酉阳民俗历史悠久，立足于武陵山区，极具地域特色，地域文化特色分明，民俗民风深厚且丰富多样。要保护好酉阳武陵山区原生态民俗文化，用好民俗文化。

第二节　酉阳民俗特点

❯❯ 问题导入

俗话说："一方水土养一方人"。请谈一谈你对这句话的理解？

民俗是一种来自于人民，传承于人民，规范于人民的文化，它深藏在人民的行为、语言和内心之中。民俗的根本特点是模式化、类型性，并由此派生出一系列其他特点。模式化的必定不是个别的，自然是一定范围内共同的，这就是民俗的集体性：民俗是群体共同创造或接受并共同遵循的。

一、集体性

酉阳民俗是土家族、苗族等少数民族人民在长期的生产实践和社会生活中逐渐形成并世代相传、较为稳定的民俗文化，可以简单概括为酉阳民间流行的风尚和习俗。酉阳地处武陵山区，历史上是巴、楚两国交界之地，有2200年建县史和600多年的土司制，是800年的州府所在地，在长期的历史发展过程中，形成了酉阳独特的土家摆手舞、酉阳民歌、多神崇拜、节庆习俗、歌舞灯戏等璀璨夺目的民俗文化。这些民俗是在长期的社会实践中形成并为广大人民群众所接受、共同认可才得以形成的，是酉阳各族人民集体创造的文明成果，它是集体智慧的结晶，并非个人行为。因此，酉阳民俗是当地社会群体共同创造或接受并共同遵循的，即民俗具有集体性，它不仅丰富了人们的生活，还增加了民族凝聚力。

二、地域性

俗话说："一方水土养一方人"。北方的窑洞、蒙古包，南方的干栏式竹楼、吊脚楼；北方人喜食面食，南方人喜食米饭等无一不体现自然环境的差异是造成民俗差异的主要原因，民俗受地理环境影响很大，可以说是"百里不同风，千里不同俗"。酉阳地处武陵山区腹地，这里崇山峻岭，岗峦密布，崖壁陡峭，溪河纵横，飞瀑奔泻，溶洞峥嵘，云峡锁路，险象环生。这里的人们世代居住在山，耕种在山，烧伐在山，吃喝在山，交往在山。山，是酉阳人民的宝库和生存依托，同时它也给酉阳人民带来了生活和发展的艰辛。显然，酉阳的民俗，必然与这里的自然环境息息相关，是区别于其他地区的山地地域民俗文化。

三、稳定性与传承性

民俗是一个国家、地区、民族传统文化的重要组成部分，民俗一旦形成便受到民族心理、地域观念等延缓性因素的影响或制约，它不仅会在本民族内得以延续传承和发扬光大，而且还可能超越时空的界限，向外传播，使各民族的民俗文化得以交融。民俗一旦产生，就会相对固定下来，成为人们日常生活的一部分，具有很强的稳定性，它约束着人们的行动和意识，并经久不衰地世代相传。

酉阳民俗是历经上古时期梁、荆接壤之域，春秋巴、楚交界之地，秦汉开始纳入封建王朝，元代开始实行土司制，清代实行"改土归流"，到近代半殖民地半封建社会，至当代社会主义社会，在长期的历史发展过程中形成的酉阳独特的土家摆手舞、酉阳民歌、节庆习俗、歌舞灯戏等璀璨夺目的民俗文化，并流传至今。

四、多样性

酉阳民俗立足于武陵山区，是在武陵山区这种大自然环境中产生的。酉阳整个地区，几乎全是高山大川、丘陵等，人们世代居住在山，山是酉阳人民的宝库和生存依托。在这种独特的山川环境下，加上在长期的历史发展过程中与其他民族的不断交流和融合，酉阳民俗既有其独特性，又形成了丰富多样的民俗文化，例如种类繁多的酉阳民歌、丰富多样的节庆习俗和丰富多彩的歌舞灯戏等。

五、时代性与变异性

民俗因其传承的特殊性，在日常生活中人相袭，代相传，具有相对的稳定性。但民俗作为一种基础文化，它在传承与传播过程中并非一成不变的，它会受到自然环境、社会环境、生产生活、政治经济、文化、宗教等诸多因素的影响，随着时代的变化而不断地发生变化。民俗总是处于一种动态的发展变化之中，随着时代的发展而发展，具有浓厚的时代特征。有些民俗会随着其经济基础的消失、生活方式的改变而自然消亡，而有些民俗在传承的过程中其实质和内容都会发生改变。

酉阳民俗发展至今，历经了几千年的历史，每个历史时代民俗都有其符合当时历史的时代特征。这正说明了民俗会随着时代的发展而变异。例如在日常服饰穿戴上，如今大多酉阳人早已符合当代社会的特征，只有少数村寨的少数人还保留着以前的穿戴习俗；在婚俗上，也越来越具有当代的特征，如哭嫁在现在已经非常少见，中式与西式相结合婚礼越来越受到年轻人的欢迎。

想一想

在社会发展过程中，如何继承和发扬酉阳民俗的特色，促进酉阳社会经济的发展？

第三节　酉阳民俗变迁

>> 问题导入

任何事物都是在不断变化发展的，民俗也不例外，请谈一谈民俗是如何变化的，试举例说明？

民俗起源于人类社会群体生活的需要，是在一定的历史条件、自然环境和经济生活的影响下产生的，但并不是一成不变的，而是随着历史的发展、社会的变革和经济条件的变化而不断变迁的。

酉阳民俗的变迁大致经历了以下四个阶段：

第一阶段是"改土归流"以后。清王朝在废除土司陋规的同时，也强行改变了土家族的一些习俗，如将"男女服饰不分"改为男女服饰分开，即由"改土归流"前的男女均穿斑斓花衣和男短女长的八幅罗裙，改为男衣无花边短满襟和女衣贴花边长满襟；强制男人剃头，改全头长发为清朝发型；限制土老师职权，举行丧葬礼仪由道士取代土老师等。

第二阶段是辛亥革命以后的"民国"时期。随着新思想、新文化的进入，土家人自觉地革除清王朝强加的一些习俗，尤其是青年人最为突出。如将满襟男上衣改为对胸排扣官装衣，满襟女上衣改为不贴花边的合身操衣；清朝的男发型改为平头、分头发型等。

第三阶段是中华人民共和国成立以后。随着社会主义革命和建设的发展，人民生活的改善以及土家族同汉族及其他兄弟民族交往的扩大，土家族人民在学习其他先进文化的同时，自觉地改变了某些纯属封建迷信、有碍民族进步的一些陋习。

第四阶段是1978年党的十一届三中全会召开和改革开放以后，民族政策逐渐得到落实，土家族的很多传统习俗又得到了恢复和发扬。如过土家年、跳摆手舞、织"西兰卡普"、跳"撒尔嗬"等，土家族的这些习俗犹如枯木逢春，不但在土家族地区得到了恢复和发扬光大，而且有的还扬名世界，为中华民族文化自立于世界之林做出了贡献。总起来看，自"改土归流"以来，土家族的风俗习惯发生了变迁，部分土家族习俗已经消失或正在消失。当然，党和国家改革开放和实事求是思想路线的重新确立，以及党的民族政策的落实，为土家族优良民族风习的弘扬营造了一个良好的外部环境，作为土家族标志的若干风俗习惯在土家人的日常生活之中得到体现。因此，不管经历怎样的变迁，土家族的若干良风美俗一定会得到进一步地发扬光大。

随着社会的不断发展，科学水平的进步，一些传统民俗有了新的变化。

一、节日民俗的变迁

过去酉阳的节日很多，几乎每个月都有，人们对这些节日都非常重视。但是，随着社会的发展，现在民间最看重的是过春节、清明节、端午节和中秋节等重大节日，在这些节日中，虽有隆重的祭祀仪式，但娱乐成分也逐渐加大。

（一）春节

春节，既要祭祀，又要娱人。传统春节习俗被信仰观念笼罩着，神秘而有趣。随着社会现代化进程的加快，春节仪式和内容发生了重大变化。信仰成分逐渐减弱，娱乐成分逐渐加大。大家在春节假期里，看电视，打牌，走亲访友，吃吃喝喝，四处找乐。因为现在过春节以娱人为主，许多传统的习俗都不讲究了，贴挂浪、摆供、栽摇钱树、竖天灯、拦金马驹、攘灾这些活动，许多年轻人不要说看过，连听都没听过，真成"老古董"了。

（二）清明节

清明节，过去这个节日有两项重要内容：一是祭祖，活着的人到死者的坟前尽孝，包饺子上坟，烧纸钱，还要带工具修墓，加高坟头；二是娱人，正是春暖花开的时候，人们趁着到野外、山上上坟的机会踏青、放风筝，尽情地玩上一天。现在，祭祀方面的内容正在淡化，许多人现在选择了鲜花祭祀；淡化祭祀的同时，娱人方面得到加强，清明节出游的人越来越多，出游的地方也不再局限于一时一地，清明节变成了"春游节"。

（三）端午节

以前端午节主要是为了怀念屈原，祭祀祖先。发展至今，端午节更多的是一家人、亲朋好友之间聚在一起聚餐交流或出游玩耍，以前家家户户都包粽子吃，现在粽子更多是一种端午节的代表，人们在饮食上是丰富多样的。

(四) 中秋节

以前，中秋来临之际，家家户户要聚在一起吃月饼、拜月、赏月等，以示合家团圆、幸福美满。但是现在月饼更多是一种茶余饭后的"甜品零食"、一种礼品，人们也不局限于吃月饼，更多的是家人、亲朋好友相约一起，在家烧一桌好菜或到外边吃火锅、吃炒菜、吃烧烤等，以示团圆之意。另外，人们也往往利用中秋假期一起相约出游玩耍。以前人们除赏月、吃月饼等外，还有"摸秋"，中秋之夜，乘着月色，溜进人家菜园偷摸瓜果。这一古老习俗，现在已经消失。

(五) 晒龙袍节

晒龙袍节几乎是消失了的节日。以前在古历六月六这一天，家家户户要将衣服、被子、书画等物拿出来翻晒，还要举办酒宴祭祀土王，到现在更多的只是翻晒衣物，祭祀活动基本已经消失了。另外在时间上也不确定是六月六这一天，人们会根据家里的情况和天气状况来确定翻晒的具体日子，翻晒衣物这一习俗得以保留下来。

(六) 寒食节

寒食节是消失了的节日。寒食节在清明节的前一天，来源于春秋战国时的晋文公重耳，他为了纪念不慎被他烧死的忠臣介子推，规定每到寒食节，全国不许动火，要吃一天冷食，门上插柳，寄托哀思。

❖ 知识链接

据史籍记载：春秋时期，晋国公子重耳为躲避祸乱而流亡他国长达19年，大臣介子推始终追随左右、不离不弃；甚至"割股啖君"。重耳励精图治，成为一代名君"晋文公"。但介子推不求利禄，与母亲归隐绵山，晋文公为了迫其出山相见而下令放火烧山，介子推坚决不出山，最终被火焚而死。晋文公感念忠臣之志，将其葬于绵山，修祠立庙，并下令在介子推死难之日禁火寒食，以寄哀思，这就是"寒食节"的由来。

(七) 冬至节

冬至在过去是一年中最重要的祭祖节日，从前的人把这件事看得特别重，所以有"冬大于年"的说法。现在，冬至时虽然也有人上坟，但还是以全家吃上一顿大餐为主了。

（八）腊八节

从前，腊八节是一个非常重要的节日。到了年底，一年的收成都入仓了，这时，人们在收获的粮食里每样选一点，熬成粥祭祖祭神。寺庙对这个节日更加重视，主要是因为相传佛祖释迦牟尼有一次在传教途中快饿死时，一个牧羊的小姑娘将家中所有的粮食聚到一起煮了顿稀饭给他吃，救了佛祖一命。到如今，腊八粥的佛教背景早已淡化，大家只知道腊八那天吃腊八粥，而不知其所以然。

🔍 **想一想**

为什么说寒食节是消失了的节日？对此你有何启示？

二、生产生活民俗的变迁

酉阳地处武陵山区，在生产民俗上首先是生产方式的变迁，由茹毛饮血到采集渔猎的生产方式，逐渐发展为刀耕火种的原始农业生产方式，再转变为现在的原始生产与现代化生产相结合的生产方式。刀耕火种，虽是酉阳先民原始的农业生产方式，但即使在今天，在酉阳民间我们仍可看到"烧火灰"，即在田边地角，先砍倒灌木杂草，晒干后团成一堆，上面覆盖表层泥土，放火一烧，就可获得肥力较高的草木灰等有着原始刀耕火种遗俗的生产方式。以前狩猎前要敬祭"梅山猎神"，以表感谢，获得的猎物平均分配，"上山打猎，见者有份"，现在"狩猎"这种生产习俗已经消失。随着现代化进程的加快发展，酉阳虽还保留一些刀耕火种的生产方式，但现代化的机械生产已得到普及。

在生活民俗上的变迁，主要体现在居住建筑、衣着服饰上的变化。随着社会的不断发展，在居住上，以前房屋多为木结构的吊脚楼，现在多为钢筋混凝土结构的高楼、平房、别墅等。以前的"火铺"基本已消失，但"堂屋""灶房"在民间还一直保留着。在衣着服饰上，以前人们喜斑斓色，爱包帕子，戴首饰，如西兰卡普、千层布底鞋等；现在人们喜穿颜色丰富多彩、品种款式多样的现代服饰，如连衣裙、衬衫等。

三、交际民俗的变迁

酉阳民间历来都特别讲究礼仪规范，注重团结和睦，具有良好的交际民俗，尊长者、孝父母、讲诚信、尚节俭、重礼仪的传统亘古不变。随着中华人民共和国的成立，特别是改革开放以后，一些交际民俗逐渐减少，如打干亲家、找保爷、定娃娃亲、打老庚等。现今的交际既保留尊长者、孝父母、讲诚信、尚节俭、重礼仪的传统，又引进了一些外国礼仪。

议一议

为什么尊长者、孝父母、讲诚信、尚节俭、重礼仪等传统能够一直流传至今，亘古不变？

四、信仰禁忌民俗的变迁

酉阳民间信仰，受制于武陵山区自然环境的影响，生产力低下，认识能力有限，受万物有灵思想的影响，既有广泛存在的原始宗教信仰，也有受土司制度影响的土王崇拜，还有日渐传入的全国性佛、道宗教。原始宗教信仰大致经历了万物有灵、图腾崇拜和泛神崇拜三个阶段，万物有灵主要是对日月天体、自然万物充满敬畏，图腾崇拜主要是白虎崇拜，信仰白虎，泛神崇拜是一种古今结合、汉土结合的既多又杂的丰富多彩的信仰状况。随着历史的发展，酉阳还流入了佛教、道教等宗教信仰。唐代高宗时期道教传入酉阳，成为整合民族地区和各族土民到统一王朝国家的纽带之一；晋代龚滩万木建永和寺，佛教传播更加深入酉阳，明清时期修建了不少佛寺，如天龙山寺、回龙寺、清溪寺、霞峰寺等，据统计明代就修建了30座庙宇，佛教在酉阳得以更加深入传播。由于酉阳地处武陵山区，多为高山大川，较为封闭保守，因此，在信仰中也有很多封建迷信的东西，如信仰占卜、算命、看相、缘梦（或圆梦）、阴阳风水、巫婆神汉等，这些封建迷信虽然随着社会的不断发展现今已经很少，但是在酉阳民间还是存在的。

酉阳民间的禁忌是比较多的，有些禁忌随着社会的进步和科学的发展已不复存在，如"七不出门八不归""媳妇怀孕不动土"和"媳妇吃饭不上桌"等禁忌已逐渐淡化或消失；但有些禁忌还一直保留至今，如"正月忌头，腊月忌尾，过年不能说不吉利的话，晚上不准打口哨""年老不出远门""叔嫂不得开玩笑"等。总之，酉阳民间不科学、迷信的禁忌基本已消失，寓意好、讲礼仪、重美德的禁忌流传在民间。

五、家族民俗的变迁

在家族民俗中，以前注重宗族制和家长制。在宗族中建有宗祠，置有族产，制定有族规，凡有关宗族内大事，都是由族长召集族人到宗祠，根据族规在祖先神位前当众办理；在家长制的家庭里，凡社会交际、人情应酬、亲友往来等，都是家长说了算，家长之妻即是家庭的内当家，主持家务内政。在中华人民共和国成立后，随着宪法和相关法律的制定和贯彻执行，在宗族和家庭中的很多陈规陋习已被革除，如废除族规等，但重孝道、尊老爱幼的传统美德习俗得以继承和发扬，从此酉阳的宗族和家庭生活，走上了社会主义法治的轨道。

查一查

你所在的家族、家庭中有哪些传统习俗得以保留继承下来，哪些习俗被抛弃，为什么？

六、民间文艺民俗的变迁

酉阳民风古朴，文化底蕴深厚，在民间文学中，主要有神话、民间歌谣、民间传说、民间故事、民间谚语和谜语、民间歇后语等。如著名的梯玛神歌、摆手歌、丧鼓歌、哭嫁歌、上梁歌、薅草锣鼓歌、情歌、劳动号子等，堪称民间文学的瑰宝。在民间艺术中，土家族有标志性的摆手舞和西兰卡普织锦艺术，还有毛古斯、玩狮子、玩龙灯、跳花灯、赛龙舟、三棒鼓、八宝铜铃舞、猴儿鼓、傩戏、灯戏等，土家族的民间艺术犹如群星灿烂，不胜枚举。虽然酉阳的文化底蕴深厚，但是在社会发展过程中，随着现代化进程的加快，传统民俗的继承发展面临着巨大挑战。民间文艺呈现出只在少数人中流传，更多地只是在旅游开发中运用，但旅游开发力度又不够，民间文艺传承人老龄化严重，面临着断代风险等特点。另外，一些民间文艺如哭嫁歌等，随着现代婚礼的发展，已经基本失去了其生存发展的社会养分。

酉阳民歌是各族群众喜闻乐见的艺术形式，它在节日喜庆、婚丧祭祀等活动中都明显地表现出来。故酉阳州志有"土人面对篝火歌舞膜拜以祀神"的记载。酉阳地处古代五溪之首的酉溪地带，属九溪十八峒的原始部落，因此，最初的酉阳民歌具有很强的民族性和原生性。在历史上，至少有两次重大事件的发生曾改变了酉阳民歌的原始风格：其一，南宋时期，为镇压金头和尚起义，冉守忠自夔州率兵来酉平叛，后镇守酉阳并由冉氏世袭知州，此为酉阳土司制之始，由于夔州属巴郡，因此给酉阳民歌输入了"巴音"的影响，使酉阳的原始民歌歌风为之一变；其二，清雍正十三年（1735年），酉阳厉行改土归流，废除了"汉不入境、蛮不出峒"的禁令，大量汉人及汉族流官迁酉甚多，同时引入了大量的汉文化，使汉族歌谣与酉阳原始民歌融合一体，基本上形成了现今酉阳民歌的基本架构。

酉阳民间的文体活动是丰富多彩的。土家人英勇善战，能歌善舞，从而造就了土家人喜好体育活动的习俗；加之土家族区域是一个多民族聚居地，民间文化的交流使民族文体活动蓬勃发展，其历史之悠久、品种之繁多、风格之豪放、民间之普及，都为世人瞩目。如民间棋类，有著名的五子棋、象棋、裤裆棋、牛角棋、成三棋等。民间体育有滚铁环、放风筝、跳绳、踢毽子、踩高跷、打陀螺、丢手绢、打水漂、抵杠、抢花炮、拔腰带、荡秋千、抵扁担、扳手劲、滚坛子、捡石子、爬树、爬山、射箭、钓鱼、游泳等。改革开放后，我国社会经济不断发展，电子产品不断普及，一些民间棋类如裤裆棋、牛角棋、成三棋等渐渐淡出人们的生活，一些民间体育如抵杠、抢花炮、拔腰带、抵扁担、滚坛子、爬树、爬山、射箭等也渐渐淡出人们的日常生活。

总之，民俗文化的变迁是客观规律，并不是一成不变的。当前，我们正处于全球信息化时代，从人类生存的空间环境来看，以往是处在相对封闭的环境里，民俗文化的传播要靠口头和行为方式进行，传播的速度相当缓慢；今天随着现代化交通和通讯方式的变化，人类生存的空间明显缩小，环境的改变直接影响着民俗文化的变异。不管是物质民俗中的居住、饮食、服饰、生产、交通民俗，还是社会民俗中的家庭、村落、婚姻、丧葬仪礼，精神民俗中的信仰、禁忌民俗都是不断变化的，体现着民俗与时俱进的特点。不难发现，酉阳民俗正在融入世界文化潮流之中，就服饰文化而言，传统的服饰在生活中已经渐渐消失，农民也穿上西装；传统婚礼不复存在，丧葬仪礼加速改革等。面对如此快速的变化，怎样继承和发扬传统民俗文化，是值得深思的问题。面对全球信息化时代，面对外来文化，我们不应该失去民族自信心，要相信中华民族民俗文化强大的生命力，应该看到民俗文化中新的成分的加入，能保证中国民俗文化在发展中吐故纳新。

第二章
酉阳土家族民俗

📖 学习目标

·了解酉阳土家族的节日、信仰禁忌、家族和民间文艺民俗

·掌握酉阳土家族的生活和交际民俗

·能讲解酉阳土家族的民族形象

第一节　酉阳土家族的节日民俗

》问题导入

一年有365天，有4个季节和24个节气，也有很多节日，那当我们身在酉阳土家族里，在这些节日里我们都要做什么呢？

土家族的节日是很多的，几乎每月都有，全年有二三十个节日，但最重要的节日是以下几个：

一、春节年俗

土家族的春节应该是从古历的腊月二十四算起，一直到第二年正月十五为止，整个节日长达20余天。

（一）办年货

农耕文明使中国人历来注重年节，每到农历腊月，土家人家家户户开始筹办年货，过一个欢乐祥和的新春佳节。一进腊月，家家便开始了杀年猪、腌腊肉、灌香肠、煮米酒、买年画、缝新衣等一系列筹办年货的活动。

（二）打阳尘

每年腊月二十四为过小年，到这一天，即停止一切农活，全家人开始准备过年，"长工短工，二十四满工"。这一天要"打阳尘"，又叫迎春日、扫尘日，打扫房前屋后和楼上楼下的卫生，清理灰尘，即从内到外进行一次大扫除。各家各户还要祭灶神，要把厨房和灶台打扫干净，打扫灶台不能用竹刷把拍打，因为灶神挨打后要上天告状，说家人的坏话，要用香蜡、纸钱和肉食敬祭灶神，祈求灶神上天多说好话，以保全家幸福平安。在春节前扫尘，是土家族素有的传统习惯，"打阳尘"的风俗由来已久，据《吕氏春秋》记载，中国在尧舜时代就有春节扫尘的风俗。按民间的说法：因"尘"与"陈"谐音，新春扫尘便有"除陈迎新"的含义，其用意是要把一切穷运、晦气统统扫除门，寄托着人们破旧立新的愿望和辞旧迎新的祈求。每逢春节来临，家家户户都要打扫环境，清洗各种器具，拆洗被褥窗帘，洒扫庭院，掸拂尘垢蛛网，疏浚明渠暗沟，到处洋溢着欢欢喜喜搞卫生、干干净净迎新春的气氛。

（三）吃刨汤

吃刨汤是酉阳土家族历史悠久的一种民间习俗。所谓"刨汤"，就是在快要过年的时候，家里杀年猪煮汤，这个猪主要是自己家养的，用来自己家里过年吃的。杀猪要请亲朋好友，把猪的新鲜肉和内脏等煮一大锅，配其他菜，大家一起围着火锅，一边喝着"包谷烧"，一边吃火锅，场面十分热闹。吃完"刨汤"，热情的主人还要给客人送一刀肉。吃"刨猪汤"十分热闹，参与者边吃边谈，既联络友情，又互通信息，还筹划来年发展，颇有意义。

（四）打糍粑

打糍粑，是酉阳民间普遍流行的一种过年习俗。酉阳民间素有"二十八，打糍粑"的说法。每逢农历腊月二十八，家家都要打糯米糍粑。糍粑也称年糕，在过年的时候制作食用，打糍粑具有浓厚的乡村风味，成为民间过年前的一项重要准备活动。

（五）过赶年

世代繁衍生息在酉阳的土家人，比汉族人提前一天过年，即月大是腊月二十九、月小是腊月二十八，因此叫作"过赶年"。土家人为何要提前一天过年？传说明嘉靖年间，土家人在年关时接到朝廷赴苏淞协剿倭寇的圣旨，为不耽误战机，土家人决定提前一天过年，为出征抗倭的士兵送行。由于士兵及时赶到前线，战功卓著，荣立"东南第一战功"。后人为纪念这个很有意义的日子，提前一天过年便成了习俗。也有的说土家族祖先家里很穷，为逃避财主年关逼债便悄悄提前一天过年进山躲债。"春来忙田，腊来忙年"，这是土家人千百年流传下来的老规矩。

一到腊月，家家户户要杀年猪、打糍粑、磨豆腐、煮甜酒、赶场办年货。到了"赶年"这一天，每家每户都要把屋内外打扫得干干净净，家家张灯结彩，贴上春联，一般在12点或稍后一点时间，各家各户鞭炮齐鸣，先在酒宴之前敬祭祖先和逝去的亲人，之后全家人在一起高高兴兴地吃团年饭。晚上，一家人坐在火铺前，烧上熊熊大火，围着红红的火塘"守岁"，火越旺越好，"三十的火，十五的灯"。长辈要给小孩压岁钱，保佑孩子健康成长。到深夜12点时，各家又要燃放爆竹，称作"出天行"，喜迎新年。赶年后，正月初一为新春日，早上全家人要吃"大汤圆"，俗称"圆宝",寓意幸福圆满。"初一不出门,初二拜家门,初三初四拜丈人"。从正月初二开始,人们就要带上糍粑、面条、白酒和猪蹄等礼物,去亲戚家拜年。一般来说,拜年要在正月十五日之前结束。土家人过赶年,不但在时间上有其独特之处,而年事活动也丰富多彩,持续时间也长。主要内容有"打粑粑""做团徽""插柏梅""贴纸""贴门神""吃团年饭""守岁抢年"等。吃"团年饭"很有讲究,一定要蒸甑子饭和蒸肉、煮合菜。甑子下层蒸的是小米或米粉子裹的坨子肉。饭一定要多蒸,要从过年那天一直吃到正月十五。合菜就把肉丝、萝卜丝、白菜、海带、粉丝、猪杂等煮在一起吃,"合"与"贺"谐音,有祝贺打胜仗之意,说明与土家族祖先的战争生活有关。正月十五为元宵节,家家户户张灯结彩,特别是通宵达旦都要点灯,火是腊月三十晚上的特色,灯就是十五的特色。土家人还成群结队地到街上举行玩灯、舞狮子、跳采莲船、踩高跷等娱乐活动。

(六)祭祖

祭祀先祖,是土家人过年的一项隆重的民俗活动。除夕到来之前,家家户户都要把家谱、祖先像、牌位等供于中堂神龛上,安放供桌,摆好香炉,奉上供品。供品有五牲、五碗菜、五色点心、五碗饭、五杯酒等。祭祖一般由家长主祭,点两支烛,燃三炷香,叩拜后,祈求来年百事顺利、五谷丰登,最后烧纸。人们在春节期间祭祀祖先,其实就是给祖先拜年。

❖ 知识链接

中国人有慎终追远的传统,过节总不会忘记祭拜先人,春节也不例外。供奉食物或鲜花以表心意,是普遍采用的仪式。祭祖的形式或许因宗教信仰而不同,但纪念祖先的意义却是相同的,是家庭祭祀活动最主要的内容之一。按照民间的观念,自己的祖先和天、地、神、佛一样,是应该认真顶礼膜拜的。春节时必须祭祖,缅怀自己的祖先,激励后人。但因各地习俗不一,所以有的地方在年夜饭之前祭拜,有的地方在除夕夜子时前后祭拜,有的地方在大年初一早上开家门前祭拜,也有上坟祭祖的,俗称"拜坟"。祭祖礼仪包括点烛、燃香、上茶、斟酒、献胙肉、念福辞、焚祝文、辞神叩拜等。有的地方在焚烧纸钱时,主祭要在神前献上一杯酒,然后将酒酹于焚纸上,以示虔诚。在祭祀中还要燃放烟花炮仗,为祭礼增添热烈气氛。祭礼结束后,阖家老幼围坐一桌吃团年饭，其乐融融。

（七）团年

酉阳民间，除土家"赶年"外，一般家庭要过正常的年节。团年叫吃年夜饭，是在除夕也就是大年三十晚上吃的团圆饭。除夕这一天，对中国人来说极为重要。这一天，人们除旧迎新吃团圆饭。在古代的中国，一些监狱官员甚至放囚犯回家与家人团圆过年，由此可见"团年饭"是何等的重要。家庭是社会的细胞，一年一度的团年饭，充分表现出家庭成员的互敬互爱，这种互敬互爱使家人之间的关系更为紧密。家人的团聚，令一家之主在精神上得到安慰与满足，老人家眼看儿孙满堂，一家大小共叙天伦，过去的关怀与抚养子女所付出的心血总算没有白费，这是何等的幸福。而年轻一辈，也正可以借此机会向父母的养育之恩表达感激之情。孩子们在放爆竹的时候，也正是主妇们在厨房里最忙碌的时刻，年菜都在前几天做好了，而年夜饭总要在年三十当天掌厨做出来。此时，家家户户传出的砧板声，大街小巷传出的爆竹声此起彼伏，洋洋盈耳，交织成除夕欢快的乐章。吃年夜饭，是春节家家户户最热闹愉快的时候。大年夜，丰盛的年菜摆满一桌，阖家团聚，围坐桌旁，共吃团圆饭，心头的充实感真是难以言喻。人们既享受满桌的佳肴盛馔，也享受那份快乐的气氛。桌上有大菜、冷盆、热炒、点心等，而且一般少不了火锅煮鱼。火锅沸煮，热气腾腾，温馨撩人，寓意红红火火；"鱼"和"余"谐音，象征"吉庆有余"，也喻示"年年有余"；还有萝卜俗称菜头，祝愿有好彩头；龙虾、爆鱼等煎炸食物，预祝家运兴旺如"烈火烹油"。最后还要上一道甜食，祝福往后的日子甜甜蜜蜜。这天，即使不会喝酒的，也多少喝一点。流传最久、最普遍的是屠苏酒，王安石有"爆竹声中一岁除，春风送暖入屠苏"的诗句。

（八）压岁钱

🔍 **想一想**

为什么每年过年时长辈都会给晚辈发红包？而且很多红包的金额是特定的，这些金额有什么特殊意义？

在酉阳民间，除夕夜长辈要将事先准备好的压岁钱放进红包分给晚辈。相传压岁钱可以压住邪祟，因为"岁"与"祟"谐音，晚辈得到压岁钱就可以平平安安度过一岁。传说古时候有一种身黑手白的小妖，名字叫"祟"，每年的年三十夜里出来害人。它用手在熟睡的孩子头上摸三下，孩子吓得哭起来，然后就发烧讲呓语而从此得病，几天后热退病去，但聪明机灵的孩子却变得痴呆疯癫了。人们怕"祟"来害孩子，一定要给孩子压岁钱以"压祟"。另一传说源于"压惊"。太古时有一种凶兽叫"年"，每隔365日就要出来伤害人畜、庄稼。小孩子害怕，大人则以燃爆竹驱赶"年"，用食品安慰小孩，即为"压惊"，年久日深，便演变为以货币替代食物，至宋便有"压惊钱"。民间认为发压岁钱给孩子，当"年"去伤害孩子时，孩子可以用这些钱贿赂它们而化凶为吉。至于"压岁钱"的作用，就连《资治通鉴》这样的正史也给出了"证明"。书的第二十六卷中说，杨贵妃生子时，"玄宗亲往视之，喜赐贵妃洗儿金银钱"。这里说的"洗儿钱"除了贺喜之外，更重要的就是赐给儿子一道护身符。当然，最厉害的还是秦始皇，他铸造的铜钱"孔方兄"独领风骚2000多年。之所以铜钱"孔方兄"广受欢迎，跟其"天圆地方"的造型很有关系，而天圆地方则是从《易经》里"太极生两仪，两仪生四象……"来的。这说明"钱"从开始到衍变都被赋予了"神魅"色彩和"神奇"力量。早期压岁钱并不是给真钱，而只是给像钱一样的象征性的东西，是希望起到震慑性的作用。但后来，人们逐渐把压岁钱实用性的意义给强化了，因此就变成了给真正的货币。

（九）守岁

守岁是酉阳民间土家人过除夕的习俗，又叫"熬年"。除夕夜，一家人团聚，熬夜迎接农历新年的到来。守岁，就是在旧年的最后一天夜里不睡觉，熬夜迎接新一年到来的习俗，也叫除夕守岁，俗名"熬年"。古时守岁有两种含义：年长者守岁为"辞旧岁"，有珍爱光阴的意思；年轻人守岁，是为延长父母寿命。自汉代以来，新旧年交替的时刻一般为夜半时分。在除夕的晚上，不论男女老少，都会灯火通明，聚在一起守岁。因此，守岁是春节的习俗之一。

❖ 知识链接

除夕守岁是最重要的年俗，这在魏晋时期就有记载。除夕晚上，全家老小熬年守岁，欢聚畅饮，共享天伦之乐，这是中华民族至今仍很重视的年俗。待第一声鸡啼之后，新的一年开始了，男女老少均着节日盛装，先给家族中的长者拜年祝寿，然后走亲串友，相互道贺祝福。此时处处闪光溢彩，从初一到十五，人们一直沉浸在欢乐、祥和、文明的节日气氛中。在这"一夜连双岁，五更分二年"的晚上，家人团圆，欢聚一堂。全家人围坐在一起，茶点瓜果放满一桌。大年摆供，苹果一大盘是少不了的，这叫作"平平安安"。有的人家还要供一盆饭，年前烧好，要供过年，叫作"隔年饭"，是年年有剩饭，一年到头吃不完，还吃昔年粮的意思。这盆隔年饭一般用大米和小米混合起来煮，是为了有黄有白，这叫作"有金有银，金银满盆"的"金银饭"。不少地方在守岁时所备的糕点瓜果，都想讨个吉利的口彩：吃枣（春来早），吃柿饼（事事如意），吃杏仁（幸福人），吃长生果（长生不老），吃年糕（一年比一年高）。除夕之夜，一家老小，边吃边乐，谈笑畅叙。有的人家也玩纸牌、搓麻将，喧哗笑闹之声汇成除夕欢乐的高潮。通宵守夜，象征着把一切邪瘟病疫驱走，期待着新的一年吉祥如意。年三十守岁俗称熬年，为什么熬年？民间世世代代流传着一个有趣的故事：相传，在远古洪荒时代，有一种凶恶的怪兽，人们叫它"年"。每到大年三十晚上，年兽就要从海里爬出来伤害人畜，毁坏田园，降灾于辛苦了一年的人们。人们为了躲避年兽，腊月三十晚上，天不黑就早早关紧大门，不敢睡觉，坐等天亮，为消磨时光，也为壮胆，他们就喝酒。等新年初一早晨年兽不再出来才敢出门，人们见面互相拱手作揖，互贺道喜。守岁的习俗，既有对如水逝去的岁月含惜别留恋之情，又有对来临的新年寄以美好希望之意。古人在一首《守岁》诗中写道："相邀守岁阿戎家，蜡炬传红向碧纱。三十六旬都浪过，偏从此夜惜年华。"珍惜年华是人之常情，由此可见除夕守岁的积极意义。

（十）倒凉浆

在酉阳民间，除夕夜有"倒凉浆"的习俗。所谓倒凉浆，就是深夜12点交接之时，在户外岔路口燃香、烧纸、泼水饭。吃了团年饭后，火铺的火塘里加几块干树蔸，燃起熊熊大火，鼎罐架上三脚，放入少量大米、豆腐、猪肉等煮水饭。到12点，人们端着水饭，打着火把，带上香纸，去三岔路口烧香化纸，反手将水饭泼在三岔路口上，保一岁平安。

（十一）放开门炮

酉阳民间过年，大年初一凌晨要燃放开门炮，以迎接农历新的一年到来。虽然除夕晚上守岁到深夜12点，但不能因此睡懒觉，大年初一必须早起。天刚麻麻亮，男主人就要起床打开中堂大门，点燃鞭炮喜迎新年。在酉阳民间，大年初一早晨的门槛，不可由女人先跨。女人先跨不吉利，所以，男人们尽管爱赖床，初一早晨必须先起床开大门，把所有的门槛都跨过一次。一阵鞭炮声后，女主人才起床热水洗漱。洗漱的脏水要集中放在一个大盆子里,等到下午才往外倒去。据说,如果初一清晨往外倒水,新的一年会蚀财。

🔍 议一议

我们在大年初一的时候都要做什么事情?这些事情都象征着什么意义?

(十二)抢头鸡水

酉阳民间过年有"抢头鸡水"的习俗。大年初一凌晨鸡叫第一声,在水井抢到第一桶水叫"头鸡水",抢到"头鸡水",新的一年会财源滚滚百事如意。为抢到"头鸡水",有的男人除夕夜干脆不睡觉,坐等鸡叫立即担上水桶奔去水井,但多半仍有更早行人。每年抢到"头鸡水"的只有一个,不少人抢了几十年也未能如愿,但仍痴心不改,每到过年还得抢。这种锲而不舍的精神,充分反映了人们对美好生活的向往。

(十三)拜年

拜年是酉阳民间的传统习俗,是人们辞旧迎新的一种方式。通常是正月初一早上,家中晚辈给长辈拜年,然后是家长带领小辈出门谒见亲戚、朋友、尊长,并以吉祥语向对方祝颂新年,谓之"拜年",主人家则以点心、糖食、红包(压岁钱)热情款待。拜年的时间应该是除夕零点以后,这个时候新的一年真正开始,大家互相祝贺,而早于零点就属于拜早年,如果晚于正月初十就属于拜晚年了。民间有谚语:"有心拜年,十五不晚。"早年和晚年都属弥补性质。晚辈给各位长辈作揖叩首拜年,祝福长辈健康长寿,万事如意。长辈受拜以后,要将事先准备好的红包分给晚辈。春节期间,人们外出相遇时,也要笑容满面相互恭贺新年之喜,互道"恭喜发财""新年快乐"等吉祥的话语,左右邻居或亲朋好友亦相互登门拜年或相邀饮酒、礼尚娱乐。初一或初二,女婿必须带着媳妇到岳父母家拜年,带上糍粑、猪腿、面条等礼物,进门先在堂屋香龛前行三叩首礼,然后再给岳父母依次跪拜。给朋友拜年,如系平辈则只需相互拱手一揖而已,如比自己年长,应主动跪拜,主人应走下座位作搀扶状,连说"免礼",表示谦恭,这种情况一般不宜久坐,寒暄两句客套话就要告辞。主人受拜后,应择日回拜。如今拜年形式多样,有当面拜年、红包拜年、短信拜年、电话拜年、贺卡拜年、写信拜年、电子邮件拜年、鲜花快递拜年、网上视频拜年等。

（十四）舞灯

酉阳民间有春节舞灯的传统，从正月初九开灯，直到十五元宵灯会结束。春节舞灯，有龙灯、狮子灯、花灯、彩龙船等。尤其元宵，在皓月高悬的夜晚，人们点起彩灯万盏，出门赏月，燃灯放焰，喜猜灯谜，共吃元宵，合家团聚，同庆佳节，其乐融融。元宵灯会是春节舞灯的最高潮，是春节的"闭幕式"，标志春节将正式结束。据传，元宵灯会源于上古民众在乡间田野持火把驱赶虫兽，希望减轻虫害，祈祷获得好收成。直到今天，一些地方还在正月十五用芦柴或树枝做成火把，成群结队高举火把在田头或晒谷场跳舞，参加歌舞者成千上万。随着社会和时代的变迁，元宵节的风俗习惯已有了较大的变化，但至今仍是民间灯会的传统节日。

知识链接

元宵节也称灯节，元宵燃灯的风俗起自汉唐。唐代大诗人卢照邻在《十五夜观灯》中这样描述元宵燃灯盛况："接汉疑星落，依楼似月悬。"到了宋代，元宵赏灯活动更加热闹非凡，盛况空前，灯的样式也更加丰富多彩，除燃灯之外，还要放烟花炮仗。元宵灯会除舞灯外，还要开展"猜灯谜"活动。每逢元宵节时制谜、猜谜的人众多。开始时是好事者把谜语写在纸条上，贴在五光十色的彩灯上供人猜。因为谜语能启迪智慧又饶有趣味，所以深受人们的欢迎。民间过元宵还有"吃元宵"的习俗。元宵由糯米制成，或实心或带馅。馅有豆沙、白糖和各类果料等，食用时煮、煎、蒸、炸皆可。起初，人们把这种食物叫"浮圆子"，后来又叫"汤团"或"汤圆"，这些名称取"团圆"之意，象征全家人团团圆圆，和睦幸福，人们也以此怀念离别的亲人，寄托了对未来生活的美好愿望。随着时间的推移，元宵节的活动越来越多，不少地方节庆时增加了耍龙灯、耍狮子、划旱船、扭秧歌、打太平鼓等传统民俗表演。

查一查

舞灯传承至今有什么变化？酉阳土家族的舞灯和其他土家族民族的舞灯有什么特色？

（十五）社节

社节，酉阳民间称为"过社"，是每年必过的岁令节日，主要有吃社饭和拦社两大内容，在立春后第五个戊日——春社日前，即社期内进行。蒸社饭，即采摘野生香茜、马齿苋、野葱等，洗净切碎、搓揉去苦水、焙干成社菜，与腊肉丁、豆干丁、大蒜苗、翻米、黏米等混合蒸熟而成。社饭蒸好后，请亲朋好友合聚品食，并相互馈赠。此俗源自古人社祭，社饭原是敬祀土地神的饭，现演变成具有民族特色的饮食习俗。由于野生青蒿等具有很好的药理作用，能治疗和预防"伤、肿、痛、痨、疟、痢、痔"等多种疾病，所以"社饭"是传统药膳。随着时代进步，"社饭"越做越精，成为民间佳肴，每年社期，市场上有野菜卖，酒店餐馆、超市有社饭出售。社节还有"拦社"仪式，即在春社日前祭扫三年内的新坟，第三年最隆重，称"圆坟"。主家请花锣鼓班子，准备酒食及纸扎宝盖旗幡，敲敲打打到坟前祭奠，举行仪式，给坟挂红色祭帐。

二、寒食节

酉阳民间有过寒食节的习俗。寒食节是冬至后第105日，与清明节日期相近，清代以来把寒食节定在清明节前一天。寒食节典自春秋介子推，唐代诗人卢象有首《寒食》诗："子推言避世，山火遂焚身。四海同寒食，千秋为一人。"所言即"子推绵山焚身"的故事。当时介子推与晋文公重耳流亡列国，割股（即大腿）肉供文公充饥，文公复国后，子推不求利禄，与母归隐绵山。文公焚山以求之，子推坚决不出山，和他的母亲一起抱树而死。文公葬其尸于绵山，修祠立庙，并下令于子推焚死之日禁火寒食，以寄哀思，后相沿成俗，过去的春祭都在寒食节，直到后来才改为清明节。另一种说法，寒食节应为远古人类对火的崇拜。古人生活离不开火，但是，火又往往给人类造成极大的灾害，于是古人便以火为神灵，每年祭祀火神。各家所祀之火，每年止息一次，然后再重新燃起新火，称为"改火"，相沿成俗，便形成了后来的禁火节，也就是寒食节。寒食节这天不能生火做饭，不能吃荤，只能吃头天蒸好的菜粑粉团。

三、清明节

清明节是农历二十四节气之一，春分十五天后便是清明，一般在公历4月5日左右，但其节期较长，酉阳民间有"前三日后四日"的说法，这期间均属清明节。清明节的起源，据传始于古代帝王将相"蕴祭"之礼，后来民间亦相仿效，于此日祭祖扫墓，历代沿袭而成为一种固定的风俗。本来，寒食节与清明节是两个不同的节日，到了唐朝，将祭拜扫墓的日子定为寒食节。寒食节正确的日子是在冬至后105天，约在清明前后，因两者日子相近，所以便将清明与寒食合并。清明节是悼念亡人之节。清明之祭主要祭祀祖先和去世的亲人，表达祭祀者的孝道和对死者的思念之情。酉阳民间清明祭祀主要是扫墓挂青，常见的做法有两部分内容：一是整修坟墓；二是挂纸钱旗幅。扫墓时首先整修坟墓，其做法是清除杂草，培添新土。这种行为一方面可以表达祭祀者对亡人的孝敬和关怀，另一方面，在古人的信仰里，祖先的坟墓和子孙后代的兴衰福祸有莫大的关系，所以培墓是不可忽视的一项祭奠内容。由于寒食禁火，纸钱不可焚烧，而是挂在墓地的小树或竹竿上。

总之，清明节一方面是土家人扫墓、祭奠亲人的日子；另一方面清明还是土家人踏青、放风筝的日子；同时，土家人也希望从清明这一天看到当年的收成如何，俗语云："清明要明，谷雨要淋"，如清明是晴天，今年就会风调雨顺。

四、牛王节

古历的四月初八，有的地方是四月十八，传说是牛王菩萨的生日，这一天要给耕牛放假，用最好的饲料喂耕牛。还传说四月十八这一天，土家人在与倭寇的战斗中失败了，退到江边，正在危急关头，一头水牛游过来了，大家抓住牛尾巴才游过江岸，摆脱了敌人的追击。从此，土家人便称牛为牛王菩萨，这一天也就成了牛王节。

五、端午节

五月的端午节又称端阳节，五月初五为小端午，五月十五为大端午，"端"为"初"之意，"五月"为"午月"。端午节始于春秋战国之际，主要传说是为纪念屈原五月五日投汨罗江而死。这一天家家户户要包粽子吃；要喝雄黄酒，以驱散体内毒素；要给小孩佩香囊，香囊内有朱砂、雄黄、香药，外包以丝布，清香四溢；要在大门边悬挂艾蒿（一种芳香化浊驱毒药草），艾叶如虎，营蒲似剑，插于门楣；土家族一些地方这一天还要举行龙舟大赛，以表示对屈原的怀念和敬意。

六、晒龙袍节

古历的六月初六，为晒龙袍节。这一天，土家人家家户户要将衣服、被子、书画等物拿出来翻晒，还要举办酒宴祭祀土王。传说土家英雄覃垕王为了抵抗元军的进攻，六月初六战败被杀，血染战袍，威武不屈。从此，土家人就在这一天以晒衣物的方式纪念自己的民族英雄。

七、月半节

古历的七月初十到十五（一般为七月十三）为月半节，又称"鬼节""亡人节"、中元节等，土家人有"年小月半大"之说，因为月半是死人（逝去的祖先、亲人）的节日，月半要举行隆重的祭祀仪式，对死去的亲人进行拜祭招魂，烧冥钱袱纸，放河灯，做法事，以祈求祖宗保佑，消灾增福，或超度亡魂，化解怨气。过月半节，各家各户都要杀鸡宰鸭推豆腐，办上一桌丰盛的菜肴请祖先们回家过节，通过仪式，招回死去亲人的鬼魂来享用祭品，并祈求鬼魂保佑和降福，仪式跟春节一样隆重。晚上，各家各户的青壮年和小孩，提上袱纸冥钱去郊外堰边、池塘边、马路边烧钱化纸。人们还用纸扎荷花灯、金鱼灯、小鬼灯、观音灯、元宝灯等各式纸灯，点燃蜡烛放于河中让其顺流而下，称为放荷灯。夜幕下，河中荷灯星星点点闪闪烁烁，甚是好看。在月半中，土家族青年男女还借此机会举行"女儿会"，谈情说爱，寻找自己的意中人。

八、中秋节

古历八月十五为中秋节，又称"团圆节"，土家人家家户户要吃月饼、拜月、赏月等，以示合家团圆、幸福美满。除赏月、吃月饼等外，最有特色是"摸秋"中秋之夜，乘着月色，溜进人家菜园偷摸瓜果，是一古老习俗。

八月十五正值瓜果成熟季节，同时这天又是月儿团圆之日。秋高气爽，人们踏秋赏月，趁机偷摘别人家几个瓜果尝鲜，实为一种游戏之举。据说中秋夜"摸秋"有消灾祛病之意。"摸"与"被摸"，家人都会因此而吉祥长寿。有两句俗话，说的就是摸秋的好处："仲秋不摸秋，药罐当枕头。仲秋无人摸，是个病壳克。"外出偷摸瓜果，喻示这年家里顺喜，添人进口。如偷摸被人发现，摸不回瓜果，视为不祥之兆。被摸的人家越骂，摸者越吉利，因此去摸人家的瓜果时，要故意将瓜藤弄得横七竖八，在果树上挂些乱七八糟的东西，以使主人家见了发怒而骂。但好多人家虽被摸去了瓜果，一般不骂，仍然带有成全人家好事的意思。当然，摸秋也有其"游戏"规则：摸秋的时间多在深更半夜，不能让主人家知觉。行动者仅限于小孩和熟人、客人，所摸之物应遵循"小打小闹"的原则：几个梨子、一个南瓜或一把豇豆等。如果过分了，同样也会被视为不道德或者盗窃行为。按"游戏"规则：农家的女主人须在中秋次日早起，察看自家的果木菜园，一旦发现"失窃"就装着一本正经地开骂，否则摸与被摸双方都不吉利。所以，骂者慷慨激昂、行板如歌；被骂者则缩在被窝里抿嘴偷笑。

这叫一骂吉利，二骂百岁，三骂永年。

九、重阳节

古历九月初九为重阳节，重阳节有吃重阳糕、登高祈福、秋游赏菊、佩插茱萸、拜神祭祖及饮宴祈寿等习俗。吃重阳糕，重阳糕又称花糕、菊糕、五色糕，制无定法，较为随意。农历九月九日天明时，以片糕搭儿女头额，口中念念有词，祝愿子女百事俱高，乃古人九月做糕的本意。重阳糕要做成九层，像座宝塔，上面还做成两只小羊，以符合重阳（羊）之义。赏菊并饮菊花酒，重阳节正是一年的金秋时节，菊花盛开，民间把农历九月称为"菊月"，在菊花傲霜怒放的重阳节里，观赏菊花成了节日的一项重要内容。人们认为在重阳节这一天插茱萸可以避难消灾；或佩戴于臂，或把茱萸放在香袋里面佩戴，还有插在头上的，大多是妇女、儿童佩戴。除佩戴茱萸，人们也有头戴菊花的习俗，据说可"解除凶秽，以招吉祥"。重阳节又称"老人节"。这一天要为老人们举办隆重的酒宴，以示孝敬；老人们也在这一天登高远望，赏心悦目，强身健体，延年益寿。登高即走出户外登山爬坡，故重阳节又叫"登高节"。

十、寒衣节

古历十月初一为朔日，又称"寒衣节"。这是冬天的开始，土家人要用纸等做成冠带衣履烧掉，为逝去的祖先送寒衣。立冬多在十月初，土家人很重视立冬节，俗称"立冬晴，一冬晴"，这一天也举办酒宴庆祝。

十一、冬至节

冬至多在十一月（俗称冬月）底，"数九"就从这一天开始，预示着严冬已至，土家人也往往举办酒宴，迎接严冬。

十二、腊八节

腊八节，俗称"腊八"。土家人过腊八节，其节俗主要是热煮、赠送、品尝腊八粥，有吃腊八粥（有的地方是腊八饭）、泡腊八蒜的风俗。腊八这天，家家户户要做腊八粥祭祀祖先，合家团聚在一起食用并馈赠亲朋好友。腊八粥的花样品种繁多，掺在白米中的有红枣、莲子、核桃、栗子、杏仁、松仁、桂圆、榛子、葡萄、白果、菱角、青丝、玫瑰、红豆、花生等，总计不下20种。腊八粥熬好之后，要先敬神祭祖，之后赠送亲友，一定要在中午之前送出，最后才是全家人食用。吃腊八粥一定要有剩余,取其"年年有余"的意思。自此拉开春节的序幕,家家户户忙于杀过年猪、推豆腐、做腊肉、采购年货,"年"的气氛自腊八逐渐浓厚起来。

❖ 知识链接

古历的十二月初八为腊八节。土家人传说释迦牟尼是这一天在菩提树下静坐成佛的,因此,要进行纪念,显然,这一节日习俗是汉文化和佛教文化影响的结果。自上古起,腊八是祭祀祖先和神灵(包括门神、户神、宅神、灶神、井神)的日子,祈求丰收和吉祥。据《礼记·郊特牲》记载,腊祭是"岁十二月,合聚万物而索飨之也"。夏代称腊日为"嘉平",商代为"清祀",周代为"大蜡"。因在十二月举行,故称该月为腊月,称腊祭这一天为腊日。先秦的腊日在冬至后的第三个戌日,后来佛教传入,为了扩大在本土的影响力,遂附会传统文化,把腊八节定为佛成道日。后随佛教盛行,佛祖成道日与腊日融合,在佛教被称为"法宝节"。

在这些繁多的节日民俗中,土家人最看重的是过年(春节)、清明、端午、月半、中秋等重大节日,在这些节日中,既有隆重的家庭家族及其社交活动,也有隆重的祭祀仪式;既有社会特征,也有信仰特征。通过这些节日民俗,土家人一年四季都生活在幸福美满之中。

第二节　酉阳土家族的生产生活民俗

❯❯ 问题导入

"锄禾日当午，汗滴禾下土。谁知盘中餐，粒粒皆辛苦。"从这首诗中，你能联想到什么？

一、生产民俗

在生产民俗上，土家族及其祖先在漫长的历史长河中，生产方式由茹毛饮血到采集渔猎，后又逐渐发展为刀耕火种的原始农业生产，再转变为现在的原始生产与现代化生产相结合的生产。刀耕火种，既是土家先民原始的农业生产方式，同时，经过几千年的发展，实际上也成为了土家族的一大生产习俗。即使在今天，我们还可看到"烧火灰"，即在田边地角，先砍倒灌木杂草，晒干后团成一堆，上面覆盖表层泥土，放火一烧，就可获得肥力较高的草木灰等有着原始刀耕火种遗俗的生产方式。在薅草时，土家人经常打"薅草锣鼓"，一人或数人在薅草人群前，边打锣鼓边唱歌，诙谐有趣，以激励大家的生产热情。在林业生产中，土家人有封山育林、爱护树木的习俗，特别是一些古树名木，土家人多以"树神"进行敬祭。土家人有在江水中放排的习俗，但放排危险很大，是"在血盆里抓饭吃"，因此放排前必要进行隆重的祭祀河神或"向王天子"的仪式；放排中严禁乱讲闲言秽语。狩猎是土家人重要的生产习俗，狩猎前要敬祭"梅山猎神"，以表感谢；获得的猎物平均分配，"上山打猎，见者有份"。

🔍 想一想

为什么酉阳现在还存在着传统的原始生产方式？

（一）唱春

唱春又叫闹春，是酉阳民间的一种变相募捐行为。唱春的人名叫"春倌"，身挎布袋，手持木雕"春牛"，走村串户，口念春词，向人们报告春的讯息。"春倌"登门，主人要在大门口恭迎，听"春倌"唱春。"春倌"唱春后，要赠送主人家一张油印的"黄历",上面印有当年的农事节令,对农业生产有一定指导作用。主人接了"黄历",送"春倌"钱粮,送多送少不论。唱春虽为一种变相的募捐行为,但这种活动给人们提供农事信息,仍受人们欢迎。

(二)喂果树

喂果树,就是立春前后给果树喂米粑,为酉阳民间风俗。每年打春(立春)前后,家有果树者,都要去果树树干上砍个口子,将米粑塞进口子里,意即人都有年过,果木也该吃点粑粑过个年。其实,给果树喂粑蕴涵植物学的基本原理。春天来了,草木繁茂生长,为让果树多结果,必须控制果树赘长,要剪掉赘长枝。给果树喂粑,在树干上砍个口子,实际上起着控制果树疯长的作用。给果树喂粑,看似离谱,但其中蕴涵一定的科学性,反映出劳动人民的智慧。

(三)备种

一年之计在于春,春耕播种在即,备足备好种子是农家第一要务。旧时的酉阳民间,每年的秋收时节,选长势良好颗粒饱满的品种专收专储,任何情况下也不能动用,即使收成不好家中缺粮也不能动,吃种粮被视为败家子,为世人所不齿。改革开放后,随着良种的普及,各家各户年前就根据自家的种植计划,提前去种子公司买足良种,做好春耕春播的准备。

(四)修犁

春耕在即,必须修理犁耙等农具以不误农时。酉阳山高坡陡,耕地机械化程度不高,多为人锄牛耕,所用农具为犁耙、镰刀、挖锄、背枷、躯桶、箩筺、粮盖、搭斗、晒席、风簸(车)等。春节一过,人们便投入紧张的农具修理工作。铧口、镰刀、锄子坏了,便去铁匠铺锻打新的;背篼、箩筐、晒席等编织农具坏了,赶紧请篾匠编织新的;搭斗、风簸等木制农具坏了,立即请木匠打造。总之,家家户户修农具,做好春耕春播的准备。

(五)整地

惊蛰、春分时节,家家户户闹春耕。酉阳属大山区,坡地多,不少田块靠天下雨。每到天下大雨,农人们便抓住时机引山涧水整田。铧田掌犁全凭手上功夫,不能浅一铧深一铧。田泥翻耙整细后,要立即上(撸)田埂,否则田里的水就漏跑了。如是晴天,农人们便铧土铲土坎。由于大多属石窝地,所以民间称整地为"挖石坑闹"。

尽管自然条件很差，但酉阳各族人民用勤劳的双手，在贫瘠的土地上创造出丰硕的成果。

（六）积肥

要提高粮食产量，必须积肥以增加地力。旧时酉阳民间农业生产主要是用农家肥、草木灰和土杂肥。每到冬闲时节，人们纷纷上山割草烧灰，以作来年农作物追肥之用。春季割青草喂牛踩牛渣粪，挖岩圪闹烧土杂肥，喂猪积蓄人畜肥。由于农作物多使用农家肥，生产的粮食无污染，食用放心。

（七）育秧

酉阳处北纬36度亚热带季风气候区，平均海拔500米，一般在清明前后下种育秧。选一水源有保障、土质肥沃的水田为秧地，施足人畜粪反复耙耘，直到田泥细腻为止。待泥水沉淀后划箱，然后均匀撒播浸泡催芽的稻种。秧苗长出水面后，要泼清粪水助长，秧苗长到两拳左右（约30厘米）即可拔苗移栽了。改革开放后，原来的水田育秧已改为温室育秧，不仅降低了劳动成本，提早了季节，而且培育出壮秧好秧。

（八）开秧门

酉阳一般在芒种前后开始大田栽（插）秧。栽秧前，要举行隆重的"开秧门"仪式。在秧田边摆上香案，供上酒肉，燃香点烛，祭祀五谷神，祈求风调雨顺五谷丰登。祭祀毕，人们进入秧田开始拔秧。所拔秧苗用稻草捆扎，运至大田栽插。栽秧结束后，男女老少还要欢聚喝栽秧酒，其乐融融。

（九）封农口

封农口是酉阳民间秋收结束后的一种带庆祝性质的活动。封农口没固定日子，只要秋收结束粮食进仓，家家户户都要办上一桌丰盛的饭菜，搬出一坛包谷烧酒，举家老少喝酒吃肉以示庆祝。

（十）躯桶

躯桶，是酉西乌江沿岸一带的木制运输工具（如图2-1所示）。乌江沿岸山高坡陡道路崎岖，人们搬运东西只能靠背，连用水运肥都用背，因此便产生躯桶那样独特的工具。躯桶和

图2-1　躯桶

其他木桶一样，全用木板打造，只不过它呈扁形，上大下小，比一般木桶高很多。在木桶下半部钉上背带，这样背水背粪更加省力。使用躯桶背水要讲技巧掌平衡，走路步子要稳重，不能轻飘晃荡，否则桶中水会洒出。

（十一）风簸

风簸是一种用木头制作的农用工具（如图2-2所示）。主要用来分离粮食作物中的杂质。内置木质扇片，一般六片或八片。用生铁做轴，引出手柄，通过手动摇摆吹风，将磨碾出来的米糠分开，扬尘去壳，从而得到珠圆玉润、晶莹剔透的纯米。

图2-2 风簸

（十二）打谷斗

打谷斗是手工打谷最常用的工具（如图2-3所示），呈四方形（也有圆形），用厚约5厘米的四块木板，采用榫卯结构组合而成。斗高约80厘米，上口宽底部窄，上大下小呈斗状，四角上方各留一个20厘米左右的榫头，好像长出的四只耳朵，作为搬动的把手。秋收时节，人们把斗搬进稻田，弯腰割谷、拢谷、打谷、运谷。打谷需讲究手法，双手握紧谷杆，高高斜举过头顶，用力往斗

图2-3 打谷斗

内砸下去，金黄的稻粒便簌簌滚落到斗底，这样反复几次，直到谷粒脱离干净为止。当斗里的谷粒沉积到一定数量后，便用撮箕将其撮起倒入背篓或袋子中。当需要移动时，两个人握住前边的两只"耳朵"拉，后面的人用力推，就把斗移动到需要放置的地方。每年打完谷子后，要把斗洗干净，晾晒干，如果斗有缝隙，须修补好，以免来年打谷子时漏谷粒。

（十三）背架

背架，一种背运柴草的木制运输工具（如图2-4所示）。背架子由两根长木条装框，中间安背板，在两根竖条上各拴上一根结实的绳子或宽布带子，它的整个造型

图2-4 背架

像个"井"字。背架子是酉阳民间一代代传下来的，之所以做成这样的形状，是因为在长期的劳动实践中，先人们发现这种结构可以让几根木条相互咬合，相互支撑，不容易松散，经久耐用。作为一种农具，背架子虽然结构简单，做工原始，但是在过去的很多年里，却一直被广大的农人所使用。特别是山里人，用它背粮食、背柴草，一年四季都离不开它。

（十四）背打杵

酉阳山高坡陡，早年没有公路，物资运输完全靠人肩挑背磨。因此，有一个行业俗称背脚子，又叫"背二哥"。"背二哥"有一副特殊的行头，就是架子扁背和一个"丁"字形的背打杵。扁背下半部呈方形，中上部呈椭圆形，上部比中部大，有利于"起肩"省力。"丁"字形的背打杵是用木头制成的，"背二哥"用来杵路和歇气时支撑扁背。所以，凡背运者都手持木打杵，行走用来杵路，歇气支撑背篓。

（十五）粮盖

粮盖又称连盖，酉阳民间拍打粮食的工具。粮盖的制作，将3~4根杂木条编扎成木排，一头装上木转轴，安放在竹竿上。拍打粮食时，将收割的小麦、油菜、豆子等铺在石坝、晒席上，然后举起粮盖拍打，木排通过转轴会自然扬起轮番拍打。使用粮盖带点技巧性，初次使用粮盖会不听使唤，只要反复试验就熟悉了。

（十六）晒席

晒席，土家人又称"晒天"，是用来晒包谷、谷子、豆子、油菜籽等的工具。晒席的制作是用很多竹条编织而成，一般用金竹，呈长方形。在包谷、谷子等作物成熟季节，在民间常见它的身影，用时铺开，不用时卷好以便存放。

（十七）柴马架

柴马架，是酉阳民间的一种搬运柴薪的工具。柴马架的制作十分简单，用两根发杈的树枝，取一样长度，分别捆扎枝杈，使两根主杆呈A字形，再用一根稍长于肩宽的木扁担，两头搭在枝杈上并捆牢，柴马架就制成了。搬运柴火时，将柴火放进马架，躬身肩扛，两手把握架脚，既省力又稳当。肩扛柴马架，还可左右换肩，使用十分方便。

（十八）砍火焰

砍火焰，即砍山烧荒，旧时酉阳民间原始的耕作方式。由于生产方式的原始，加上铁质农具异常缺乏，先民们长期养成"刀耕火种""赶山吃饭"的习惯。他们把山坡上多年生长的树木砍倒晒干，放火烧光，然后撒下小谷、高粱、荞子等，不上粪、不追肥，农作物生长期间，仅手薅一道就坐等收成。这种"刀耕火种"的原始生产方式叫作砍火焰，往往是广种薄收。砍火焰是对自然生态的极大破坏，随之而来的是许多意外的灾害，如引起漫山大火，酿成严重火灾，烧毁无数山林；造成水土流失和气候反常。砍火焰采用轮歇地与间年耕作的方式，耕作粗放，粮食产量极低。如今，砍火焰的生产方式已不复存在。

（十九）撵仗

酉阳民间俗称围猎为"撵仗"。农闲时节，尤其在冬季，人们邀约上山撵仗。先查清山上是否有猎物，如有，便迅速带上网、铁叉、锣鼓和猎狗出发。到了目的地后，要通过野兽的脚印、粪便分析其藏匿地点和行走路线，然后在各必经之道布网，每处留一二人拿着铁叉躲藏守候。布好网后，剩下的人便敲打锣鼓齐声呼吼，同时放出猎狗，一时间满山人吼狗叫，锣声响成一片。如此阵仗，吓得野兽四处乱窜，最终落入网中，守网的人立即将猎物逮住。俗话说："上山撵仗，见人有份。"猎物的分配也是有讲究的，组织者掌刀，兽皮剥下来给出力最多的那个人，然后按参与撵仗的人数进行分割，凡参加者都能分到。随着野生动物保护法的颁布，人们不再撵仗了。

（二十）赶闹

赶闹，即用药毒鱼。旧时酉阳民间多因求雨而毒鱼，多在盛夏夜半进行，后演变为一种习俗。毒鱼多用茶枯、石灰或苦楝子叶等物，将上述药物捣碎取汁，用船装于上游倾入河中。沿河两岸百姓，于此前家家备火把、渔具，准时沿河守候，见药水下流，均于河水中搜寻毒昏之鱼，伺机捕捉。捕鱼时，不准大声喧哗，虽数百上千人下河，但见灯火辉煌，却难闻人声。组织毒鱼者，在距投药处下游一公里处安一巨大渔网，凡网中之鱼，旁人不得捉拿。毒鱼赶闹污染水源，对生态环境破坏极大，今已禁止。

🔍 议一议

你的家乡有哪些生产习俗？其中哪些已经消失，哪些还保留着，为什么？

二、生活民俗

(一) 居住民俗

土家人的居住多习惯于依山面水,坐北朝南,房屋多为吊脚楼,既有单家独户的,也有若干户聚居一村一寨的。

1. 吊脚楼

吊脚楼是酉阳土家人居住生活的场所。吊脚楼多依山就势而建,呈虎坐形,以"左青龙、右白虎、前朱雀、后玄武"为最佳屋场。正房中间为堂屋,左右两边为小二间,小二间作居住、做饭之用。小二间以中柱为界分为两半,前面作火铺,后面作卧室。正房两厢为吊脚楼,上有绕楼曲廊,曲廊还配有栏杆。一般人家,房屋规模为一栋4排扇3间屋,6排扇称长5间。中等人家为5柱2骑或5柱4骑,大户人家则为7柱4骑、四合天井大院。以前的吊脚楼一般以茅草或杉树皮盖顶,也有用石板盖顶的,现在吊脚楼多用泥瓦敷盖。土家吊脚楼多为木结构,小青瓦,花格窗,丝檐悬空,木栏扶手,走马转角,古色古香。院后有竹篁,青石板铺路,刨木板装屋。其基本特点是正屋建在实地上,厢房除一边靠在实地和正房相连,其余三边皆悬空,靠柱子支撑。吊脚楼有很多好处,高悬地面既通风干燥,又能防毒蛇、野兽,楼下还可放杂物。有的吊脚楼为三层建筑,除了屋顶盖瓦以外,上上下下全部用杉木建造。屋柱用大杉木凿眼,柱与柱之间用大小不一的杉木斜穿直套连在一起,尽管不用一个铁钉也十分坚固。房子四周还有吊楼,楼檐翘角上翻如展翼欲飞。房子四壁用杉木板开槽密镶,里里外外都涂上了桐油,既干净又亮堂,多为土家姑娘的闺房。

建造吊脚楼是土家人生活中的一件大事,首先要备齐木料,称为"伐青山",一般选用椿树或杉树,"椿"被视为树中之王,修房造屋少不了椿木。第二步是加工大梁和柱料,土家人称为"架大码",梁上要画八卦、太极、荷花、莲子等图案。第三道工序名叫"排扇",就是把加工好的梁柱接上榫头,排成木扇。第四步是"立屋竖柱",是非常重要的一步。主人要选择黄道吉日,请众乡邻帮忙,上梁前要祭梁,然后众人齐心协力将一排排木扇竖起,这时,鞭炮齐鸣,左邻右舍送礼物祝贺。立屋竖柱之后便是钉椽角、盖瓦、装板壁。富裕人家还要在屋顶上装饰向天飞檐,在廊洞下雕龙画凤,房前屋后栽花种树,但前不栽桑后不种桃,因与"丧""逃"谐音,不吉利。吊脚楼还有鲜明的民族特色,优雅的"丝檐"和宽绰的"走栏"使吊脚楼自成一格,具有丰富的文化内涵,被称为巴楚文化的"活化石"。

吊脚楼的形式多种多样，其类型有以下几种：

（1）单吊式，是最普遍的一种形式，有人称之为"一头吊"或"钥匙头"。它的特点是，只正屋一边的厢房伸出悬空，下面用木柱相撑。

（2）双吊式，又称为"双头吊"或"撮箕口"，它是单吊式的发展，即在正房的两头皆有吊出的厢房。单吊式和双吊式并非因地域的不同而形成，主要看经济条件和家庭需要而定，单吊式和双吊式常常共处一地。

（3）四合水式，这种形式的吊脚楼又是在双吊式的基础上发展起来的，它的特点是，将正屋两头厢房吊脚楼部分的上部连成一体，形成一个四合院。两厢房的楼下即为大门，这种四合水式，进大门后还要上几步石阶，才能进到正屋。

（4）二层吊式，这种形式是在单吊和双吊的基础上发展起来的，即在一般吊脚楼上再加一层，单吊、双吊均适用。

（5）平地起吊式，这种形式的吊脚楼也是在单吊的基础上发展起来的，它的主要特征是，建在平坝上，按地形本不需要吊脚，却偏偏将厢房抬起，用木柱支撑，使厢房高于正屋。

吊脚楼有着丰厚的文化内涵。土家民居建筑注重龙脉，除了依龙脉而建，还有着十分突出的空间宇宙化观念。土家人的吊脚楼，容纳宇宙的空间观念在上梁仪式歌中表现得十分明显："上一步，望宝梁，一轮太极在中央，一元行始呈瑞祥。上二步，喜洋洋，乾坤二字在两旁，日月成双永世享……"这里的"乾坤""日月"代表着宇宙。从某种意义上来说，土家吊脚楼使人们在主观上与宇宙变得更接近，更亲密，从而使房屋、人与宇宙浑然一体，密不可分。

议一议

随着我国社会经济的发展，在民间钢筋水泥结构的楼房大厦随处可见，基本上取代了木结构的吊脚楼，这是不是意味着吊脚楼会逐渐消失，没有存在的必要呢？为什么？

2. 上梁

土家人在建房时，上梁是最主要的一环，一定要选佳期良辰，如家人生辰与上梁时辰相冲，必须避讳。上梁前要先祭神，祭品有"全猪"（即用猪头一只，猪尾一根，意即全猪），俗称"利市"。用木制红漆祭盘，置于供桌上端，其他菜肴廿四碗及果品十二盆。在刚竖起的木柱上贴"上梁欣逢黄道日，立柱巧遇紫微星"之类的对联，对联用红纸；梁之两端挂红绸，红绸下垂特选的清顺治铜钿一枚，取"平安和顺"之意。在上大梁以前，要举行诵唱"上梁文"的仪式，以祈求根基牢固，诵祝房舍平安长久。选梁不取"独木"。在上梁之前，要精心选梁和制梁。按照习俗，要挑选一根上好的梁木，主人要亲自上山物色梁木，选梁木的条件极为苛刻：一是梁木必须是杉木；二是要笔直参天，枝繁叶茂；三是树龄不长不短，树形要从下到上大小尽量一致；四是树的四周要长有许多小杉木，越多越好，寓意多子多孙。如果是独木一根，就不能选用。砍伐梁木的时候，不能破坏周围的小杉木，梁木伐倒时的方向要朝南，不能朝其他方向。动工制梁的那一天，要挑选吉日，木匠师傅要先点三支香，再放两响鞭炮，然后开始制作。

大梁即栋梁，要在梁的下方中央画八卦图以避邪制煞、镇宅平安，在中脊梁上绘八卦图时，必须择日斋戒，使画出来的八卦发挥其避邪制煞、镇宅平安的作用。上大梁所举行的隆重仪式，乃期盼大梁支撑建筑物之坚实，永保民宅合境平安，并能香火旺盛、泽被子孙。因此大梁安置顺利与否，不仅关乎建筑的坚实牢固，也影响到主人未来的命运。

大梁尚未动斧之前，可以任意摆置，但一经通书上所记之"动斧日"，即择吉日良辰动斧之后，梁木就不再是凡俗之物。首先用净香、净符来净化，而后动斧取梁的尺寸。尺寸按屋体在其建筑上的吉祥尺寸来制作。动斧后的梁木已是"梁神圣物"，若尚未择选吉日良辰，则必须先"寄梁"，即把制好的大梁寄放在清净处所架起不容玷污。等到上梁吉日，在梁中央以红丝线绑"大百寿金"，两末端用红纸圈起来，摆上鲜花、水果、五牲和木工的墨斗、曲尺等。上梁工作要一位属龙和一位属虎的师傅来完成，民间有"龙虎伏位"的说法，是取龙虎相配吉祥有力。上梁师傅在腰际系上红绫布条，红布有避邪破煞的作用。

上梁木工们要先净身，接下来是"拜梁"祈请庙宇众神、三界地主、五方宅神、鲁班先师、梁神等做主，请神之后，主持者用朱笔点梁两端，称为"点梁眼"。点梁之后，由两位生肖属龙属虎的人，按庙宇的左青龙、右白虎的方向将梁升起，通常只是象征性地举一下，而后由木匠师傅与助手执行。当中梁升起时，全体参与者齐喊"起哦！"在此热闹兴旺的声浪中，梁升上屋顶处接合完成。上梁仪式最热闹的程序是"抛梁"。当主人"接包"后，匠人便将糖果、花生、梁粑、铜钱等从梁上抛向四周，让前来看热闹的男女老幼争抢，人越多东家越高兴，此举称为"抛梁"，意为

"财源滚滚来"。在"抛梁"时,匠人还要说吉利话:"抛梁抛到东,东方日出满堂红;抛梁抛到西,麒麟送子挂双喜;抛梁抛到南,子孙代代做状元;抛梁抛到北,五谷丰登年年满。"

抛梁结束后,众人退出新屋,让太阳晒一下屋梁,这叫作"晒梁"。最后,主人设宴款待匠人、帮工和亲朋好友,并分发红包,整个上梁仪式结束。

3. 堂屋

堂屋,是酉阳民居的起居活动空间,一般在房屋中又称"客堂"。因为平时敞开,有的地区又称"明间"(卧室则称"暗间")。有的地方也将祠堂等公共场所称为堂屋。堂屋正面上挂匾牌,上写"祖德流芳"等字。匾牌下设"天地君亲师位"神龛,俗称"香盒",供祭祀祖先、家神之用。神龛上除供奉本家堂号神主外,还供奉孔子、观音、燃灯古佛、释迦牟尼、关圣帝君、四官灶神等,正中供奉"天、地、君、亲、师"神位。神龛下方还顺带供奉土地菩萨、招财童子、瑞庆夫人。神龛前放八仙桌,祭祀时作祭坛之用,平时作吃饭、会客、议事之用。

4. 火铺

酉阳民间家家户户均有火铺,这是全家人取暖、吃饭和集中活动的地方(如图2-5所示)。火铺火塘里一年四季不熄火种,火塘上有一架铁三脚,三脚上放鼎罐,鼎罐里焐着包谷面、熬着老荫茶、炖着野猪肉。在火铺上,土家人有摆不完的龙门阵,火铺浓缩着土家人的生产生活、民风民俗,宛如一部浓缩的土家史。

图2-5 火铺

土家火铺一般设在小二间即堂屋侧边，用木板铺就，中间挖空，用四块青石板竖立砌成火塘。火塘约有八十厘米见方，火塘中央架有一个生铁铸就的三脚架，土家人俗称"三脚"。土家人用鼎罐、铁锅在三脚上弄饭炒菜，煮食一日三餐，一年四季塘火不灭，既有红红火火之意，又显现土家族乐观豁达的生活态度。土家人很看重火铺，千百年来，经世代流传，人们很忌讳在火塘旁说不吉利的话，不准人从火塘上跨越，更不允许用脚踩踏三脚，否则就是对祖先不敬，会遭到长辈严厉的批评。每年冬天是火铺最繁忙最热闹的季节。家里的男女老少围坐在火铺上，烤着暖暖的柴火，聊着家常。在火铺上吃着包谷饭，就着老腊肉喝自酿的包谷烧，日子过得古朴纯粹。火铺也是一个家族的象征。儿女成家后，无论是否与父母同住，都要在屋中增设一个火铺。旧时，大户人家还以火铺多少和大小为标尺，来分摊劳动任务和分配粮食。土家人设置火铺的房子既是厨房，又是餐厅，也是接待宾客的会客之所，担负着重要的娱乐玩耍、社会交际、家庭教育等重要功能，是土家族富有民族特色的民俗文化形态之一。

5. 灶房

酉阳民间灶房处于住宅一隅。随着生产的发展和生活方式的改变，人们物质生活逐渐丰富，饮食也由烧烤为主转向以烹煮为主。此时，建房技术也日臻完善，客观上创造了对火塘居中的住宅加以改进的条件。为解决排烟及操作方便起见，在房间一角另砌灶台，锅子架在灶台上，做饭、炒菜较为卫生安全。有些家庭还修独立的厨房（灶房）。由于厨房中有许多专用器皿、工具、粮食、柴火，这就需要较大的存放空间，同时为减少厨房对其他空间的干扰，便逐步发展到厨房从整栋房屋中分离出来的局面。又由于使用水井取水，所以这类厨房面积较大，常处于后院一侧。同时因为多为女主人操持家务，因而灶间的陈设颇能反映出女主人的审美观，以实用为特色。炊具经常被悬挂于墙上，既顺手可取，又使墙面增加了层次感。

（二）衣着服饰

衣着服饰上，土家族的服饰喜斑斓色，爱包帕子，戴首饰；中华人民共和国成立前，土家人的衣料多为自幼自织的土布，颜色多为青、蓝色，"西兰卡普"是土家人标志性的织锦，赤、黑二色为主色调。

土家族较古老的上衣叫"琵琶襟"，安铜扣，衣边上贴梅条和绣"银钩"，后来逐渐穿满襟衣（多指中年以上者）。大襟左开襟，袖大而短，无领，滚边，衣襟和袖口有两道不同的青边，但不镶花边。青年人多穿对胸衣，正中安五至七对布扣。裤子是青、蓝布加白布裤腰，俗称"抄裆裤"。鞋子是千层布底鞋，鞋底较厚。酉阳土家族男子穿琵琶襟上衣，缠青丝头帕。妇女穿左襟大褂，衣袖比较宽大，衣襟、袖口滚花边，穿镶边筒裤或八幅罗裙，喜欢佩戴金、银、玉质饰物，但没苗族妇女那般繁重的银饰。土家族"男女一式"的百褶裙，保留了远古时代"裳"的遗风。这是最古老的裙子样式，类似围裙的形状，为一帘式样。"改土归流"成土家服饰的重要转折点，土家族服饰男女一式的外观形式得以彻底改变，男性由穿刺花衣裙而改穿满装；妇女则上穿满装，下着汉裙，即八幅罗裙。这一时期，由于汉人商贾把大批进口"洋布"带入土家地区，"洋布"质优价廉，逐渐替代了土家人自己纺织的溪布、斑布。织锦除了用于被面、祭祀时的披毯或孩子的盖裙外，几乎不再用于服饰。大多数土家民众服饰非常简朴，据《酉阳直隶州总志》记载：土家服饰"俗尚简朴""无奢靡之风"。现在土家族服饰已不如以前那样鲜艳，喜好"五色斑衣"的习俗逐渐向"尚简朴"演变，如土家俗谚所云："好吃不过茶泡饭，好看不过素打扮。"不过，土家服饰虽然在外在形制上受到了汉族文化的冲击和融合，但却仍然保留着土家族自身的民族性格，主要体现在图腾崇拜、工艺特征和独特的审美视觉等方面。

土家妇女服饰，衣袖与裤脚图案完全采用"挑花"法，也就是在裤脚上针刺连贯的"小十字"，连成线条或方块，再组合成花鸟鱼虫等图案。在构图中，运用色彩变换，体现出律动感觉。用色以绿、红、黄或黄、绿、红为主，这种形同色异、不换形而换色的方法，促使呆板的、单一连续的纹样丰富起来，艳丽多姿，给人以美的享受。这些精巧的服饰，可说是土家人的智慧，是民族服饰的珍品。

在土家人的心中，红色最受人青睐。红色有着热烈、鲜艳、醒目、祥和之感，因此喜红者最多。有色必有红，久而久之，不但在服饰上而且在生活上也形成了无红不成喜、有喜必有红之俗。

土家族服饰的结构款式以俭朴实用为原则，喜宽松，结构简单，但是注重细节，衣短裤短、袖口和裤管肥大。男女老少皆穿无领滚边右衽开襟衣，衣边衣领绣上花纹，绣工精细，色彩艳丽，具有浓厚的民族特色。

1. 头帕

酉阳的土家族男女都习惯头包青丝帕或青布帕。土家族男子的布帕一般长2~3米，包成人字格，没有完全盖住头发；女子头包1.7~2.3米青丝帕或青布帕，但不包人字格。

2. 西兰卡普

土家语"西兰卡普"是一种土家织锦。在酉阳民间土家语里,"西兰"是铺盖的意思,"卡普"是花的意思,"西兰卡普"即土家人的花铺盖。人们往往在"花铺盖"前冠以"土"字,以标示出这项民间工艺所包含的土家民族特点。土花铺盖受到土家人民的珍爱,视之为智慧、技艺的结晶,被称作"土家之花"。按照土家族习惯,过去土家姑娘出嫁时,都要在织布的机台上制作美丽的"西兰卡普",即土花铺盖。关于"西兰卡普"的起源和发展,《后汉书·西南蛮夷传》所说哀牢夷"织文革绫锦"的"兰干细布",就是土花铺盖的前身。又称"武陵蛮"有着"织绩木皮,染以草实""好五色衣服""衣我斑斓"的习尚,"武陵蛮"就是历史上对土家族的一种称呼。土家族长于织作的悠久传统一直保留下来,直到"改土归流"前后,不论男女还保持着"喜斑斓服色"的习俗。民间另一种传说,"西兰"是人名,"卡普"是她织的花布。相传西兰是土家山寨最漂亮最聪明的姑娘,她把山里的百花都绣完了,就没见着半夜开花半夜谢的白果花(银杏)。为了绣出白果花,她独自半夜爬上高高的白果树与白果花儿对话,不料被又丑又坏的嫂嫂发现了,哥哥听信嫂嫂谗言,用板斧砍断了白果树,西兰摔死了,但她的绣花艺术却被土家人传了下来。土家族妇女们都学着织西兰姑娘的卡普,把它做成被子盖在身上,表示和西兰在一起,表达对她的无限思念。土家族女儿从小就学织西兰织过的布,把它当自己出嫁的陪嫁品,人们把它叫作"西兰卡普"。

"西兰卡普"在土家人生活中有着实用、礼俗和审美三方面的意义,不仅以经久耐用著称,而且是土家族婚俗中的主要嫁妆,是女家经济地位的标志和女儿有无教养的凭证,在受人观赏的嫁妆行列和新房陈设中,"西兰卡普"格外引人注目。因此,土家妹子出嫁时都有自己亲手编织的土花被面,新娘父母以精美的土花铺盖陪嫁为荣,娶媳之家也以此来推测新娘针线活的巧拙贤愚。可见,"西兰卡普"的编织者,绝大多数都是从十余岁到二十余岁的青年女子,她们正处于爱情萌芽及对未来满怀希望和幻想的年纪,特地从深山里找回红花、栀子、姜黄、五倍子等野生植物,制成染料,将自纺的棉纱染出各种颜色,稍有空闲就坐在木机旁挑花刺绣,在木机上的纬线里填上彩色纱线或丝线,织出别出心裁的图案花样。"西兰卡普"的图案纹样包括自然物象图案、几何图案、文字图案各个大类,色彩鲜明,热情奔放。在色彩调配上颇有讲究,有一首三字诀唱道:"黑配白,哪里得。红配绿,选不出。蓝配黄,放光芒。"表明了土花铺盖喜用对比色,用黑白衬托钩提。各种钩状、锯齿状、梳齿状、缝合状、连锁等边饰，加上各种多角形的小花作为点缀，又以黑色衬底，以白色镶边。于是，主次纹样由于黑白的衬托而显得既界限分明又连成一体。同时喜用暖色，以红黄为基调，配色变幻无穷，妙趣横生。

3. 千层布底鞋

酉阳民间习穿千层布底鞋，因鞋底用白布裱成袼褙，多层叠起纳制而成，取其形象得名。其面料为上等材料，以白布作里层制成鞋帮，纳作成鞋。布底鞋穿着舒适，轻便防滑，冬季保暖，夏季透气吸汗。旧时酉阳民间，姑娘出嫁前三年须在闺房缝制布底鞋，要为未来婆家男女老少各做一双，以此陪嫁，显示自己人勤手巧。

随着人们观念的改变，当今手工千层底布鞋更加受到人们的欢迎，市场上经营千层底布鞋的店铺随处可见。布底鞋用料考究，做工精细，与传统样式也略有不同，在款式、颜色和面料上，更符合现代人的审美要求。首先是品种多样，不仅有传统的手工"千层底"布鞋，还有牛仔、体操、芭蕾、时装、网花、绣花等布鞋，适应了现代人求新、求美的心理；再就是鞋面色彩缤纷，不再是一色"黑"，而是五彩缤纷，多彩多姿，如白、蓝、粉红、玫瑰红等，并运用朵花、碎花、暗花、绣花、格花等装饰，可与时装搭配。面料多样化也是布鞋的一大特色。不仅有棉，而且还发展到采用平绒、毛呢、涤纶布、牛仔布、仿布、帆布等材料。为了与时尚消费相适应，不但有传统的手工"千层底"布鞋，还有横压底、注塑底，再衬垫上一层麻编底，这样既改变了布底鞋怕水忌湿的缺点，又保留了其柔软、舒适、轻巧、健康的特性。

4. 抄裆裤

酉阳民间男女都习惯穿抄裆裤。所谓抄裆裤，即裤腰、裤脚都很宽松，白布裤腰呈直筒式，裤腰不上裤袢，穿上后将裤腰紧贴腰腹把多出来的向右折，然后扎进裤腰带。抄裆裤的好处是穿脱十分方便，感觉比较舒适；缺点则是裤子容易掉落，在公众场合让人难堪。

5. 围腰

围腰，是系在腰部以下的布块，根据大小和形制可以称为围腰、半边裙、肚兜等。酉阳民间男女绝大多数都系围腰，并以此构成自己服饰的组成部分。酉阳民间的围腰制作十分简单，用一二尺长的青、蓝布，缝上白布条作为系带即成。人们出门干活，围腰系于腰上，既可使身板扎实有力，又可将围腰下摆撩起扎在腰上，形成肚兜放置捡到的粮食或野菜等。一些家底殷实的女子，围腰多用黑、红、蓝、白丝绒缝制，系在腰间，长达膝盖，其下摆边缘多绣几何图案，看上去更加窈窕健美、婀娜多姿。系这种围腰就不是干活所用，而是一种装饰打扮。

6. 儿童服饰

土家族的孩童衣裤不甚讲究，主要注重的是鞋帽，儿童服饰喜做虎头帽、虎头鞋，意即为孩子消灾驱邪，保佑孩子健康成长。小孩一般戴虎头帽，帽子前额有用金银打就的13个菩萨像，中间大的一个为观音坐像，两边钉有十八罗汉像，虎帽两侧至两腮前有银钩，用于小孩系帽用。帽顶两侧用白兔毛做成虎耳，前挂银铃。虎帽用大红绸缎做面料，前檐绣有一个"王"字，后脑绣有双龙抢宝等图案。孩子胸前带金锁银牌，上打有"福、禄、寿、禧"字样；挂银制"百家锁"，"百家锁"由一百家捐钱买银打造，意即孩子得一百家人的关爱和庇护。小孩脚穿虎头鞋，用红绸缎做面料，鞋尖向后翻，两耳插上兔毛，前绣一个"王"字，两侧绣花。土家族以虎为图腾，小孩戴虎帽、穿虎鞋，邪恶不敢侵害，可避邪壮威，使小孩天真活泼又有虎气。

🔍 查一查

你所在的地区还保留着哪些土家衣着服饰，它们有什么意义，有哪些变化？

（三）饮食民俗

土家族的饮食多为旱地作物，如玉米、红薯、豆类、辣椒等，在当代主要以大米为主；菜肴的突出特点是酸、辣、干，如泡菜、辣椒、土腊肉、盐菜、酢广椒、合渣、豆腐等，都是土家族家家户户常年必备的美味佳肴；厥粑，在中华人民共和国成立前和"三年困难时期"，很多土家人都是依靠它熬过来的，今天成了土家人的风味食品；喝油茶汤，吃糍粑，也是土家族的饮食习俗；土家族还喜好饮酒，多用玉米自酿，谓之"包谷老烧"，土家族有喝"咂酒"的习俗，即将酒封于坛中数月后再开封，在坛中插一竹管，次第传吸。

第三节　酉阳土家族的交际民俗

》问题导入

我们身在酉阳土家族里，有属于我们自己的交际民俗，那我们在生活交际中都要注意些什么呢？

土家族历来都特别讲究礼仪规范，团结和睦，具有良好的交际民俗。旧志载："邑中风气，乡村厚于城市，过客不裹粮，投宿寻饭无不应者。入山愈深，其俗愈厚。"土家族人民风朴实，崇尚礼节，热情好客，屈己待人，在日常生活中有很多讲究。

一、尊长者

土家族素有尊敬长者的传统，无论是相聚闲坐，还是吃饭入席，年长而又辈分高者必坐上首。举箸吃饭，每道菜都要等长者先用。一路同行，必让长者在前。不期而遇，要毕恭毕敬给长者让路。在师生、师徒关系上，土家族是特别讲究尊师重教的，"一日为师，终身为父"，师要爱生，生要敬师；凡是过年或老师、师傅过生日时，学生或徒弟必须去拜年、祝寿，并送上厚礼。

二、孝父母

古人云，"百善孝为先，孝为德之本"，孝敬父母是一种传统美德。俗话说，"麻布口袋，一代还一代"，为人之子孝敬父母，是为下一代做出表率。天下没有不对的父母，即使父母真的不对，儿女也要抱着感恩之心尊敬他们，不是尊敬他们的错误，而是尊敬他们这个人。要用心去对待父母，最重要的不是为父母做了什么，而是跟父母的关系是否亲密。父母已经老了，儿女要理解父母的想法，尽量按他们的思维逻辑办事，让父母高兴。做儿女的要学会在一些公开场合对父母示爱，这是让父母感到光荣的一件事情，会给他们很大的安慰。

三、讲诚信

酉阳民风淳朴，自古讲诚实守信用。诚实，即忠诚老实，就是忠于事物的本来面貌，不隐瞒自己的真实思想，不掩饰自己的真实感情，不说谎，不作假，不欺瞒别人；守信，即讲信用，讲信誉，信守承诺，忠实于自己承担的义务，答应别人的事一定要去做，忠诚地履行自己承担的义务。待人以诚信，人不欺我；对事以诚信，事无不成。酉阳俗话说："捡到便宜柴，烧坏夹底锅。"人们始终坚信，一切物质财富都要靠诚实劳动获得，决不可偷奸耍滑欺蒙拐骗占他人便宜。人都有困难之时，向人借钱实属自然，但借钱必还天经地义，当年债务必须当年还清，决不拖过大年三十夜。如果大年三十仍欠债，不仅年过得不开心，而且意味着来年将债台高筑。

四、尚节俭

崇尚节俭是酉阳人民的传统。酉阳地处武陵山区，多山而交通不便，土地贫瘠，自然灾害频繁，因此较为贫穷。当开源受自然条件所束缚的时候，节流便成了人们自然的选择。作为一种传统习俗，节俭的习惯至今仍支配着酉阳人的消费心理与行为，无论是贫寒之家还是朱门大户，在许多家训格言中都指出节俭是一种美德，是每个家庭的必备风习。"新三年，旧三年，缝缝补补又三年"是酉阳民间的消费理念，"笑破不笑补"是人们的价值判断。崇尚节俭，反对浪费，珍惜粮食，"糟蹋粮食要遭雷打"成代代相传的家训。小孩饭桌上撒落的饭粒，大人要捡起吃掉；路边撒落的谷粒，必定弯腰捡起；剩饭剩菜不可倒掉，留到下一顿热了再吃。总之，勤劳俭朴是酉阳民间的传统美德。

五、重礼仪

土家人热情好客，礼貌待人，有重礼仪的传统，这在土家人的仪表、言谈、行为举止中得到综合体现。坐有坐姿，站有站相。男人站立腰杆挺直，手臂下垂；女性站立双腿并拢，脚跟靠近。无论男女，走路脚步稳重，目不斜视，遇行人要靠边让道，礼让先行。相互交谈要态度诚恳，语言表达得体，不可出言不逊，更不可背后论人是非。尊敬长者，入席用餐长者上坐；数人同行，长者在前；拜见长者表情谦卑，不得直呼长者名字。邻里间团结互助，一家有事，举寨相帮。

六、拉家常

土家族人民邻里相处，历来讲究礼节，亲朋好友见面总要促膝谈心，俗称"拉家常"，相互问寒问暖，上自堂上老人，下至膝下儿女，都要一一问及。如有人登门来访，主人总要客气地装烟倒茶；送客人出门，主人要送至村头，恭祝平安。哪家妯娌不和，夫妻吵架，亲朋好友都会真诚相劝，使之和好如初。

七、走人家

土家人在社会交际中最常见和最多的方式是"走人家"，凡亲朋好友红白喜事、乔迁新居、生朝满日、逢年过节、遭灾生病、学生上学等，都要到过事的人家去探望，并送上厚礼，并且礼尚往来，一方给另一方送了礼，另一方一定会找机会加倍还礼，土家人把这种走人家视为相互联络的感情纽带，如果有人受了礼不还礼，就会被人耻笑和唾骂，人们就会断绝与之交往。在宴席上，土家人的座次是很讲究的，有上、下之分，以辈分论坐，一般而言，如在堂屋设宴，入座的人面对大门一方的为上席，而面对神龛一方的为下席，晚辈应坐两旁。

八、打干亲家

所谓打干亲家，就是给孩子找干爹。在酉阳民间，打干亲家比较普遍，给孩子认个干爹，一是可保孩子健康成长，二是可增进人际关系。打干亲家，其程序颇具神秘色彩。为孩子找干爹，要先打一碗净水放在香龛上，第一个登门造访的人，便认他为孩子的干爹。如果登门的人和孩子同辈，就上推这人的父亲为干爹；如果这人是孩子爷爷辈的，就下推这人的儿子为干爹。干亲家的关系确定之后，父母要带着孩子去干亲家举行拜认仪式，在堂屋香案上摆放酒肉，点亮蜡烛，燃香化纸，孩子行跪拜礼，叫一声干爹。干爹当场为干儿子或干女儿起名，并赐新衣服和红包。以后的每年春节，干儿子或干女儿都要去给干爹拜年。

九、找保爷

所谓找保爷，就是找个人保佑孩子健康成长。在酉阳民间，给孩子找保爷仅次于打干亲家，比较普遍，但认保程序比较简单，不举行什么仪式，保爷也不用给孩子送红包换新衣，只要同意担保就行了。受多神崇拜的影响，有些父母也会去山坡上选定一棵古树或一块大石头给孩子做保爷。

十、定娃娃亲

旧时酉阳民间有定娃娃亲的习俗，孩子才两三岁，父母便忙于为孩子定亲，待孩子到了结婚年龄再行结婚。人们认为，早一点为儿女确定婚姻关系，可以增进两家亲情，在生产生活中可相互支持和照应。

十一、打老庚

在酉阳民间有打老庚的习俗。"打老庚"又叫"认老庚",一般是依据以下情况打老庚的。一是同性而不同姓;二是年龄相近,同年生,要是同年、同月、同日出生者那就更好,称"真老庚",也有不同年出生,年龄相差几岁而打老庚的,称"斜角老庚";三是门当户对,贫穷人家不与富家子女打老庚,自认"己不如人,赶不上板";四是打老庚不受民族、地域限制,邻居或远方朋友,只要性格接近,志趣相投,都可成为老庚。一般男性老庚多于女性老庚。打了老庚后,双方就来往频繁,互相照应,亲如兄弟。老庚称呼对方的父母叫"同年爹""同年妈",同辈年长者称哥哥、姐姐,年幼者亦称弟、妹;老庚的夫人,比自己大叫"庚庚嫂",也有跟着孩子叫"同年爹"或"同年妈"的;对方的父母称呼自己叫"同年儿"或"同年女"。对方父母往往将老庚当作自己亲生子女一样对待,但不能互相继承财产。

查一查

你所在地区土家族有哪些交际民俗?与其他地区土家族有什么共同点和不同点?

第四节　酉阳土家族的信仰禁忌民俗

问题导入

酉阳民间流传着这样一句话："男子头，女子腰，只准看，不准捞（摸）"。请谈谈你对这句话的理解？

一、信仰民俗

酉阳土家族的信仰民俗，受武陵山区自然环境、万物有灵思想的影响，既有广泛存在的原始宗教信仰，也有受土司制度影响的土王崇拜，还有日渐传入的佛教、道教等。土家族宗教信仰大致经历了万物有灵、图腾崇拜和泛神崇拜三个阶段，万物有灵主要是对日月天体、自然万物充满敬畏；图腾崇拜主要是白虎崇拜，信仰白虎；泛神崇拜是一种古今结合、汉土结合的既多又杂的丰富多彩的信仰状况。

（一）自然神崇拜

受武陵山区自然环境、万物有灵思想的影响，土家人对日月天体、自然万物充满着敬畏，崇奉祭祀的对象多元，于是便有了敬畏自然的多神崇拜。土家人认为万物皆有神，把自然界与人们生存密切相关的各种自然现象都当作神灵来崇拜，如天神、雷神、地神、山神、洞神、水神、草神、树神、石神、岩神、井神等，对自然物象无不加以神化。在酉阳，土家人们祭祀的自然神有梅山神、傩神、火塘神、火烟神、火畲婆神、土地神、井水神、四官神、五谷神、舍巴神、毛娘神、灶神、门神、财神、山神、水神、风神、树神、蛇神、龙神、瘟神、茶神、田神、牛神、高坡煞、婆送嘎（烟婆婆）等。土家人尤其崇拜石神，认为石头是有灵性的。岿然不动的磐石象征着稳固，巨石象征伟岸、力量。所以，如果小孩常常生病，就将他抱去祭拜某一巨石，叫石头为"石保爷""石保娘"。在乡村农户，人们对火神也是很崇拜的。火象征一家人的兴旺，平时火塘里的火要长燃不熄，即使晚上睡觉也要壅上火种，便于次日引烧柴火，除夕之夜，更是一个树坨蔸通宵燃烧。就是在平时，也不能脚踩火塘三脚，更不准妇女小孩跨过火塘，以免得罪火神。

（二）图腾崇拜

土家人认为白虎是民族的祖先，是民族的图腾。在酉阳东北部的酉酬、大溪、兴隆一带，土家人称老虎为"老巴子"。"老巴子"即巴人的始祖神，是巴人的图腾。土家族源于沔水即汉水中上游地区，以蛇为图腾。远古蛇巴沿汉水向长江中游的洞庭地区迁徙，与南下的中原汉人为生存展开了一场生死决战，那场战争以巴人失败而告终，幸存的巴人向武陵山、巴渝地区转移，其中一支以巴务相为廪君的五姓部落联盟生活在鄂西清江流域，以白虎为图腾，奉白虎为始祖神，被称为虎巴。除了宗教式的虔诚敬祭，在日常生活中，也随处可见虎的影子，如在儿童服饰上喜戴虎头帽、虎头鞋。

❖ 知识链接

据《后汉书》载：巴人祖先"廪君死，魂魄世为白虎，巴氏以虎饮人血，遂以人祠"。巴子务相在武落钟离山被推为五姓部落首领，率领部族乘土船沿河而行，至盐阳杀盐水神女而定居，廪君因此深受部族人们的拥戴。后廪君逝世，灵魂化为白虎，巴人便以白虎为祖神，时时处处不忘敬奉，家家户户神龛上供奉木虎雕。

（三）泛神崇拜

1. 火畲婆

火畲婆，酉阳民间的母祖神。"畲"，即刀耕火种的意思，是土家先民原始的农耕方式。酉阳山高林深，可耕地较少，先民们为求生存，便砍山烧荒撒播小谷，称为"砍火焰"。这种刀耕火种的耕作方式，不仅粮食产量不高，而且会对生态植被造成严重的破坏，现已禁止，但"火畲婆"作为土家原始母系氏族的始祖神，至今仍被人们纪念。

2. 八部大王

八部大王，土家人供奉的祖神。土家族信奉多种神，没有固定的宗教信仰。土家人认为"祖先"处处关照子孙，是最好的神，因此对祖先十分崇拜，故称祖先神。祖先神多数具有原始社会的风貌，只有少数才反映出阶级分化之后的现象。在西东巴柯村有八部大神庙遗迹，曾是年节盛会群众祭祀游乐之处。八部大神有土家话的称呼，叫破西卵蒙、缺太卵蒙、泽在卵蒙、拜尔卵蒙、洛驼卵蒙、蜡烛卵蒙、比耶卵蒙。八部大王是土家族先民中的八个部落酋长，曾在土家族先民的长途迁徙征战中做过贡献。在酉阳东北部，民间还敬奉向王天子、田好汉、彭公爵主等。

3. 梅婵神

梅婵神又称梅嫦神，是武陵民间的狩猎神。相传梅婵是天上仙女，喜欢打猎，土家人每次上山打猎，她都乐于相助。一次为打一头大野猪，梅婵衣裙被刮得稀烂，天黑后返回天宫，遇上鲁班，被嘲笑，羞愧难当，在天桥桂树上吊自尽。土家人十分怀念梅婵仙女，出猎前必焚香化纸以祭祀，在打猎中不许讲粗鄙话，以免得罪梅婵仙女。

4. 灶神

和中原汉族地区一样，酉阳民间也敬灶神。传说每年腊月二十四日，灶神上天报告人间功过定人祸福，家家户户要在二十三日晚上奉祀灶神。奉祀中多用糖元宝、炒米糖、花生糖、芝麻糖和糯米团子之类，意即让灶神甜嘴，在玉皇大帝面前为凡间说几句好话。在祭灶之时，摆齐供品，焚香祭拜进酒，向灶神诚心祷告，完毕后再次进酒，进第三次酒之后，将旧有的灶神像揭下，连同甲马及纸钱一起焚烧，代表送灶君上天，仪式便顺利完成。而焚烧一个用篾扎纸糊的马，是作为灶神上天的坐骑。还要准备一点黄豆和干草，作为灶神和纸马上天所需的干粮、草料。此外还要焚香、叩首，并在灶坑里抓几把稻草灰，平撒在灶前地面上，并喃喃叮咛"上天言好事，回宫降平安"之类的祭语，目的是祈祷灶王向玉皇大帝奏报这家一年来的种种善事，不要讲坏话。送走灶神后，正月初四（一说除夕夜）再把灶神接回来，谓之"接灶"。接灶神的仪式很简单，只要在灶台上重新贴一张新的神像即可。

5. 土地神

在酉阳民间，土地公公也被视为财神与福神。人们相信"有土斯有财"，因此土地公公就被奉为守护神。土地神还能使百姓五谷丰登，因此，很多人就把土地公公迎进家里祭拜，在堂屋神龛的下方供奉土地神位。

土地神源于古代的"社神"，是管理地面的神，在诸神中地位极低。但人非土不立，非谷不食，"土"能生万物，养育人类繁衍生息，其功德无量，所以人们奉之若神明。自古以来，人们称土地神为"土地公公"，在所有的雕塑或绘画中，土地公公乃白发髯髯，右手拿着龙杖，左手执着元宝，既执掌土地行政，又兼理财务。民间常说"土地公公送钱喽"之类俗语，说的就是这个意思。旧时人死后，上山挖墓地，要给土地神压纸钱租山；出殡沿途要抛撒纸钱，意即给土地神的买路钱。土地神集"地政、财政、德政"于一身，民间将之列为"五祀"之一。

6. 五谷神

酉阳民间有敬奉五谷神的习俗。所谓五谷神，就是掌管水稻、玉米、小谷等粮食作物的稷神。敬祭五谷神的日期和仪式因地而异，有的地方为十月秋收之后，带鸡蛋、猪头到田坎上祭祀，将五谷神请进屋，安位于仓板之上，待来年正月初三，又送回田地边。祭时在田坎上挖个地窖，将五谷种子窖藏土中。到来年送五谷神回田垄这天，开窖取出，看何种子窖存得好，没有变质，便预示当年用这类种子播种会有好收成，就多种这类作物。有的地区祭祀，在端阳节这天举行，祭时，将犁耙锄头置于堂屋大门正中，烧香跪拜，迎接五谷神降临，保佑五谷丰登。五谷神没有龛位，不受香火，但土家人很敬重五谷神，极为虔诚，虽不像对别的大神那样三叩九拜，但却表现在日常对粮食的珍惜上。老一辈吃饭时，桌上决不允掉饭粒，小孩撒掉的饭粒，大人必须捡起吃掉。剩饭剩菜不能和洗碗水混在一起倒入厕所，否则会遭到严厉的责骂，据说糟蹋粮食会遭天打雷劈。敬奉五谷神，反映出酉阳各族人民勤劳节俭、爱惜粮食的优良传统。

7. 梯玛神

梯玛神即巫师。土家人旧时信仰鬼神，一般来说，他们以为神会保佑平安、鬼会带来灾祸，因而他们对待鬼神的态度也不一样，对神敬祭，对鬼则用巫术驱赶、捉杀。从事祭神驱鬼巫术的人是土老司，土家语叫"梯玛"。土司统治时期，土老司权力很大，他可管村寨的祭祀、驱鬼、许愿、还愿、婚礼、求子嗣、求雨、解纠纷、治病、占卜、丧葬等。土老司所用的法器有司刀、铜铃、牛角号、五彩柳巾棒等，其装束是头戴凤冠，身穿花褂子，下系八幅罗裙，专事祭神驱鬼。土家人认为恶鬼有饿鬼、罪鬼、吊死鬼、青草鬼、水鬼等，这些鬼会给人带来灾祸、疾病甚至死亡，必须请梯玛神驱之。

8. 土王崇拜

酉阳土家人具有祖先崇拜的观念，相信祖先灵魂能够庇护族裔子弟，但在"改土归流"前，敬奉的是氏族部落首领和作出重大历史贡献的英雄人物。土司相信"君权神授"，把祭天地放在首位。酉阳土司供奉家族先祖并宣扬其事功，宗族组织、祖先崇拜使土司及其先人成为土民的精神信仰，促成土王崇拜。土王信仰上升为区域"正祀"并推广普及，彭公爵主、土王爵主、飞山公信仰是酉阳土司维系政治统治和社会稳定的手段之一，即使改流后也未消失。

9. 道教信仰

道教于唐代高宗时期传入酉阳，在土司时期主要为全真和正一两个教派，均以戒杀、戒盗、戒淫、戒妄、戒酒劝善归正。因其奉守的道教经典、规诫，深得土家人的认同、敬重和信奉，故土家人常请道士参与丧葬祭祀，做道场超度亡魂。道教在改土归流前后更加深入地传入酉阳，其道教节日成为强化民众信奉的重要时刻。道士主持操办正月十五上元会、七月十五中元会和十月十五下元会等节会。道教自唐代传入以后，成为当时国家整合中的重要纽带之一，促进了民族的融合。

10. 佛教信仰

自东晋时期龚滩万木建永和寺以降，佛教得以在酉阳深入传播，成为王朝国家整合与中原文化认同共享的重要方面。到明清时期，酉阳土司及土民修建了不少佛寺，促进了灵魂转世、生死轮回等佛教观念在酉阳的传播，佛教的一些观念被土司土民所认同，深刻影响到土司土民。酉阳土司土民崇信神佛，兴建佛寺庙，奉祀佛教神灵，敬奉僧侣，佛寺僧侣承担着为死者超度亡灵、做道场，为善男信女祈求神灵庇佑、祛邪纳吉等职能。在观世音菩萨生日，善男信女跋山涉水，走向寺院，许愿还愿，蔚然成风。随着佛教的传播，土家人朝山拜佛以消灾弭祸，使宗教政策和佛教文化成为酉阳土家民俗文化的基本内涵之一。

由于酉阳地处武陵山区，多为高山大川，土家族聚居于此，因此较为封闭保守。这也造就了土家族信仰中也有很多封建迷信的东西。如信仰占卜、算命、看相、缘梦（或圆梦）还愿、阴阳风水、巫婆神汉等，这些属于糟粕。

🔍 **想一想**

为什么土家人形成了如此多的泛神崇拜？

二、禁忌民俗

酉阳土家族的禁忌民俗是比较多的。

（一）生产禁忌

在生产中忌"戊"日，从古历正月的第一个戊日忌起，一直到第五个戊日止，一戊忌天，这一天不出门，二戊忌地，这天不动土，三戊忌风，这天不上树，四戊忌工具，这天不动碓磨，五戊大社，这一天是"春分"日，为"春社"，要吃社饭。"春分不进林""小满不插秧""清明谷雨不用牛""四月初八不耕田"。放排时特别禁忌闲言碎语。喂养牲猪，要看猪的毛旋和蹄爪，特别忌养"天五爪"的牲猪，认为养这种猪必带来灾祸。

（二）生活禁忌

土家族在日常生活中，禁忌繁多。如土家人比较忌讳"七""八"两个数字。"七上八下""七零八落"，认为"七、八"代表不安稳不确定的意思。所以，每月的初七、十七、二十七最好不要出远门；而出门在外的人，每月初八、十八、二十八最好不忙回家。丧事在堂屋举办，而死在外面的人，其遗体是不能抬进堂屋的，在外死去的人抬进堂屋，会给家里带来不吉利，丧事只能在户外进行。所以，年长者忌讳外出，怕死在外面归不了屋。到别人家去，不能用脚踩大门槛，这是对主人最大的不恭。男女不能在他人家中同宿，认为"愿借屋停丧，不让人成双"。"男子头，女子腰，只准看，不准捞（摸）。"雨天不能穿蓑衣戴斗笠进门。儿童在午后不能剃头，认为这时剃头会掉魂。叔嫂不得开玩笑，俗话说"长哥当父，长嫂当母"，在酉阳民间，小叔子对长嫂要像对母亲一样尊重，不得和嫂子开玩笑。如果有人不记事，在嫂子面前不庄重不严肃，一定会遭人唾弃的。

土家族在饮食上也有较多禁忌。如男孩不准吃猪脚叉，怕叉了媒人的嘴，找不到媳妇。火铺上忌踩三脚，火铺是人们煮饭弄菜用餐休闲的场所，客人上火铺，不得脚踩三脚，那样会得罪火神，也是对主人的不尊重。尤其是进了腊月，更不可踩火塘里的三脚，如果有人不注意踩了三脚，主人会不高兴的。狗肉不可上灶台，在人们心目中，狗是吃屎的，最让人恶心，如果把狗肉弄到灶台上去烹煮，会得罪灶王菩萨，灶神因此上天告状，会惹麻烦的。蛇肉不能在厨房煮，说在屋里煮蛇肉雷公虫（蜈蚣）会在房梁上屙尿，人吃了蛇肉会中毒。所以，人们烹煮狗肉和蛇肉，大多在户外院坝上进行。

土家族过年禁忌也很多，"正月忌头，腊月忌尾"，过年从腊月二十四开始一直到正月十五，都有很多禁忌。如大年初一少说话，大年初一是一年之始，预示来年的运程，人们对这一天十分看重，说话做事都小心谨慎，深怕自己的言行失当带来不利。俗话说"祸从口出"，初一清晨起床，全家老少都少讲话，尤其忌讳说"完""终""亡""死""去"之类不吉利的字眼。同时，洗漱的脏水不得往外倒，集中在大盆里待晚上才倒出去。大年初一早晨往外倒水，会使新的一年败家蚀财；饭后也不能洗碗筷，初一早上洗碗筷，会把家中财富洗白；初一天还不能扫地，说扫地会把财富扫掉。

议一议

我们在过年的时候有哪些禁忌？这些禁忌都象征着什么意义？

土家族还禁忌某些"兆头"（即某种预兆），如"正月莫见鹰打鸟，二月莫见狗连裆，三月莫见蛇交媾，四月莫见人成双，五月莫捡河下鱼，六月莫捡汗衣裳，七月最怕蜂搬家，八九又怕蜂来居……"，如果见到这些现象，就会认为必有祸事临头；如果清早听到乌鸦叫，也会认为是不祥之兆；如果遇到了这些不祥之兆，就要请梯玛念经，以解难驱邪闭煞。

总之，在土家族的生产生活中，信仰、禁忌都相当繁琐众多，正因为如此，我们才称土家族的信仰习俗为泛神崇拜。对于这些纷繁复杂的信仰禁忌，我们必须去粗取精，去伪存真，取其精华，"去其糟粕"，进行扬弃和批判地继承，这才是科学的态度。

查一查

你所在地区有哪些信仰禁忌民俗？与其他地区的土家族相比有什么不同？

第五节 土家族的家族民俗

》 问题导入

土家族姓氏和血缘为纽带的宗族最在意的是哪些方面？

在家族中，主要包括宗族和家庭两个方面。在宗族中，主要是以姓氏宗支和血缘关系作为纽带，使整个宗族紧密地联系在一起。土家族的宗族多选有族长，建有宗祠，置有族产，特别是制定有族规，凡有关宗族大事，族内众人都在族长的召集下到宗祠，根据族规在祖先神位前当众办理。土家人认为，"国有国法，族有族规，家有家法"，族规家法都是相当严厉的。在家庭中，土家人以儿孙满堂为荣，几代同堂之家较多，家中必有一个家长主持家政，家长既辈分高，又有威望和年富力强，并且很能干。在家长制的家庭里，凡社会交际、人情应酬、亲友往来等，都是家长说了算，家长之妻即是家庭的内当家，主持家务内政。若家长认为年事已高，无力承担家庭责任了，便商议委托儿辈或孙辈中的强人出来接替，一般是由长子或长房长孙接替。当然，在土家人家庭中，也有个别家庭是由女长辈当家长的，大小事务都由她拍板算数。土家族家庭有分家的习俗，俗语云"树大要分丫，人大要分家"，儿子结婚后要求分家这也是正常现象。

土家人在家族家庭中特别讲究"孝道"和尊老爱幼。土家人有赡养老人的好传统，当父母年事已高，晚辈必尽孝道。如果是儿子已分家，老人一般随"幺儿"过，"皇帝爱长子，百姓爱幺儿"，也有几个儿子共同赡养父母的。清代朝廷曾用法律强制赡养老人，不准子孙分火（家），清乾隆《鹤峰州志》载："分火之说亦禁也"，认为分火后"好货财、私妻子、置祖父母之衣食于不问，是禽兽行也"。土家人也非常具有爱幼、抚幼的习俗，父母对子女的衣食住行、上学、婚姻大事、管教等处处无微至，认为这是上辈对下辈的义务。在土家人的家庭继承中，父母遗产一般只由亲生儿子继承，女儿只能享受出嫁时的嫁妆，没有继承父母财产的权利。中华人民共和国成立后，随着宪法和相关法律的制定和贯彻执行，在土家族的宗族和家庭中的很多陈规陋习已被革除，如废除族规等，土家族的宗族和家庭生活走上了社会主义法治的轨道。

第六节　土家族的民间文艺习俗

》》**问题导入**

土家族艺术丰富多彩，极具少数民族特色，非常值得欣赏和学习，下面让我们一起来了解土家族的民间文艺习俗吧。

土家族的民间文学、艺术及其体育活动，既是土家族世界观、价值观和人生观的载体，又是土家族的重要习俗。

在民间文学中，土家族主要有神话、民间歌谣、民间传说、民间故事、民间谚语和谜语、民间歇后语等。如著名的梯玛神歌、椰手歌、丧鼓歌、哭嫁歌、上梁歌、薅草锣鼓歌、情歌、劳动号子等堪称民间文学的瑰宝。在民间艺术中，土家族有标志性的摆手舞和西兰卡普织锦艺术，还有毛古斯、哭嫁歌、撒尔嗬、玩狮子、玩龙灯、跳花灯、赛龙舟、三棒鼓、八宝铜铃舞、猴儿鼓、莲湘和肉莲湘、耍耍、咸丰南剧、傩戏、灯戏、柳子戏、咚咚喹、长阳南曲等，土家族的民间艺术犹如群星灿烂，不胜枚举。2003年，恩施土家族苗族自治州人民政府曾授予了当地著名的16位民间艺人为"民间文艺大师"的称号，并决定每年给予1200元的生活补贴，并希望通过这些民间文艺大师们的努力，为土家文化的繁荣和发扬光大做出贡献，这是一项弘扬民族文化的重大举措，应该给予充分肯定。

土家族的文体活动也是丰富多彩的。土家人英勇善战，能歌善舞，从而造就了土家人喜好体育活动的习俗；加之土家族区域是一个多民族聚居地，民间文化的交流使得民族文体活动蓬勃发展，其历史之悠久、品种之繁多、风格之豪放、民间之普及，都为世人瞩目。如民间棋类，有著名的五子棋。民间体育有滚铁环、放风筝、跳绳、踢毽子、踩高跷、打陀螺、丢手绢、打水漂、抵杠、抢花炮、拔腰带、荡秋千、抵扁担、扳手劲、滚坛子、爬树、爬山、射箭、钓鱼、游泳等。特别是土家人喜好武功，几乎人人都喜欢打拳、练一些器械套路。在民间体育中，土家族的很多项目都在全国性的大赛中获过奖，一些项目如武术还走向了世界，在世界各国的表演都获得好评。

第三章
酉阳苗族民俗

📖 **学习目标**

- 了解酉阳苗族信仰禁忌、苗族家族、民间工艺民俗
- 掌握酉阳苗族的生产生活民俗
- 理解酉阳苗族交际民俗

第一节　酉阳苗族节日民俗

》》问题导入

酉阳是一个少数民族聚居地，在历史发展中也创造出独具特色的少数民族民俗文化，请举例说明酉阳苗族的民俗文化有哪些？

（一）赶新年场

赶新年场。农历正月初一至十五日，在岁首的第一个场期，当地苗族群众穿戴新衣，到距离居住地较近的集市赶场。他们赶场之目的不是为了买东西，而是借新年之机游玩。在赶场途中，苗族青年三五成群地设鼓卡莎，欲要过往行人还鼓对歌，场面十分热闹。场集上，耍狮舞龙，挑灯打鼓，苗族民间文化表演掀起阵阵高潮，人山人海，好一派喜庆新春的景象。

（二）"过十五"

"过十五"。大年正月初一至十五，酉阳县苗族地区无处不在喜庆新年。初七以后，龙灯舞走乡串寨巡回舞动，通宵达旦。跟随龙灯舞队的人数之多，鞭炮阵阵，银花冲天，高潮迭起。白天，访亲送友人流不断，"村官"和"土地官"敲响特制的响器，走村串户，报告春讯，挨家发放一张黄纸或红纸日历，悠哉乐哉。该活动一直持续到正月十五才能结束。正月十五，人们聚集在家中筹办丰富多彩的佳肴，饱食醉饮一餐。十五过后，人们调整精力，陆续投入往日的生产活动中。

（三）放社

"放社"，又称"过春社"。农历二月二日为当地苗族的春社日，届时家家户户忙着煮社饭。煮社饭时，将采摘洗净的嫩蒿菜、青菜、地菜、野葱、大蒜等分别剁碎放入锅中燎熟，再用清凉水冲洗、绞干，然后将切好的干腊肉放在锅内爆炒片刻，再将嫩蒿菜等倒进锅里混合，最后倒入黏米、糯米，煮至半熟，把米汤榨干，再做一次搅拌，移至甑子中文火慢蒸。蒸熟的社饭，满屋飘香，非常可口。

部分苗族地方还举行春社活动。活动场上，舞龙耍狮，表演武技，男女对歌，充满节日气氛。现场好酒者，直到日落西山才尽醉而归，正如唐代诗人王贺在诗中所说："桑柘影斜春社散，家家扶得醉人归。"其余民众则在春社活动结束后满面喜色地赶回家中，尽尝社饭美味。

（四）清明节

"清明节"，此节日于农历三月初九举行。节日当天早上，家家户户备好祭奠故人的纸标、香纸、酒、肉、米粑等，由一名长辈带领族中青年小孩上坡下山，到坟地为自己已故的亲人"挂清"。以户为单位，将有草木者纸标插上坟顶，在墓碑前陈列自备的酒、肉、米粑等祭品。然后烧燃香纸，象征性地各取一点陈列祭品置于燃烧的香纸中，按辈分念祖宗名字，"请您喝酒吃肉，保佑我们发财兴旺。"同时视坟墓现状有草木割去草木，出现凹陷或鼠洞者则铲土培护，山坡上不时炸响鞭炮。每家每户组成的上山队伍少则三五人，多则数十人，大家穿插于山间地头，凡彼此相遇，总是向对方赠送米粑，邀请对方品尝自家酿制的米酒。清明节前后三天时间，山坡上纸标飘扬，山路上人来人往，热闹非凡。

（五）四月八

四月八，于每年农历四月初八举行。传说在封建统治的某年四月初八，苗族男女在花场对歌，苗族姑娘遭到官兵凌辱，苗族热血男儿亚宜、亚努气愤之极，率众反抗。为纪念这次反抗斗争，随后的每年农历四月初八各地都要举行节日活动。"四月八"节日不仅具有跳花跳月的娱乐性质，而且还蕴含着纪念苗族英雄的历史意义。节日活动内容有传统的接龙舞、龙灯舞、花灯舞、狮子舞、鼓舞以及刀梯、摔跤、打秋千等节目。人们习惯于将节日地点选择在山清水秀的地方，届时苗族男女青年穿上新装，不约而同地前往活动场所，或吹笙跳舞或耍龙舞狮，或对唱情歌，场面极为热闹。

（六）端午节

端午节，于每年农历五月初五举行。节日来临时，在苗族村寨，无论贫富，家家户户包粽粑或舂米粑，携往田间、旱地祭五谷神，祈祷神灵保佑，免除自然灾害，期望五谷丰登。与此同时，人们还在门上悬挂菖蒲、乌泡和艾草，用以辟邪。并以雄黄、大蒜头捣烂加水混合，抛洒住宅周围，防止毒蛇、毒虫侵害，提高居住环境质量。

（七）六月六

六月六，于每年农历六月初六举行。节日当天清早，家家户户拿竹竿敲打园中的魔芋叶，认为魔芋树上的露珠落地，可以促进魔芋快速繁殖。这一天，部分地区苗族民众还举行祭祀龙神活动，招龙出洞，以佑四方。如遇晴天，人们将衣服铺盖等拿出来摊晒，以扫除霉菌、防蛀防潮，便于保管。传说这天的太阳光最具有防止衣被毒烂和虫蛀的效果。故有"六月六，晒龙袍"的俗谚。

（八）中元节

中元节，于农历七月十五日举行，所以又叫"过七月半"。节日当天，家家户户都以纸钱做成包封，或以锡箔纸制成金银裸锭，上书祖宗姓名。傍晚时分，人们将包封拿到屋外空地上焚化，虔诚祭奉。

（九）中秋节

中秋节，于每年农历八月十五举行。节日当天，家家户户舂米打粑粑，买酒买肉，例行祭祀祖宗完毕，家人团聚，饱吃一餐，表示一年的紧张劳作结束，大家该好好休息一天。

（十）重阳节

重阳节，于每年农历九月初九举行，节日当天，各家各户舂米、杀鸡宰鸭，准备美酒佳肴，尽情享受节日盛宴。殷实人家备制七八十斤或百余斤甜酒，密封于坛中，数月后启开自食或招待宾客，格外香甜可口。贫困人家也要设法饲养或购买一两只鸭子，在重阳节当天宰杀食用，使家中老小获得过节的心理满足。相传，这一天各家各户选择高坡攀登，可避免灾难。此举虽然后来被人们抛弃，但重阳佳节聚餐的习俗却一直延续下来。

（十一）过苗家年

清代前期，酉阳苗族在农历十一月末的最后一天过年，近代以来改为在农历十二月的最后一天过年。这是一年的最后一天，苗族群众非常重视这一天。凡在远方的女儿，均千方百计赶回家，与家中老少团圆庆岁。出嫁的姑娘姊妹，由丈夫陪伴，赶回娘家吃完年饭后再回夫家团聚。年夜饭以家人团聚为宗旨，倘若席上缺少亲人，家中老人定会愁容不展，认为"年团人不团"，大为遗憾。而没有赶回家过年的游子，心中也定会发出无数感慨。中午时辰，家家户户一边忙于备办菜肴，张贴对联、年画、张灯结彩，一边派家人持香纸、酒、肉去大方土地焚烧香纸敬神，同时也有提着猪头去敬神的。

之后，大家争先关门闭户，鸣放鞭炮，老少团聚共享年饭，唯恐落后。进餐前，先在神龛处焚烧香纸祭奠祖宗，从诸多菜肴中各取一点，连同米饭装在碗里，给狗吃，并观察狗先吃祭品的顺序。如狗先吃米饭，预示着来年五谷丰登，如狗先吃肉，预示着来年六畜兴旺。传说，洪水滔天时期，人类遭到灭顶之灾。一只大黄狗从天庭借来粮种，泅渡洪波间，尾巴上翘，终将粮种送到人间，促使人类得到繁衍。为了报答狗的救命之恩，每当重要节庆宴前，大家都要从准备好的美食中先夹一点给狗吃，这个习俗苗族世代相传。晚餐后，人们持香纸、祭品去果树下祈祷，希望来年果实累累。夜幕降临，家家户户蒸熟糯米，捶打米粑的声音此起彼伏，近邻互相帮忙，甚是热闹。

忙完后，在院坝烧香纸祭奠，同时点燃蜡烛祭灶王菩萨。火堂内，燃烧熊熊大火，老少围坐，吃水果、瓜子、听故事，越过交岁时分才缓缓睡去，意为守岁，炉火旺盛，预示着可以烧掉来年田土中的杂草碎草，庄稼、禾苗生长旺盛。凌晨鸡叫后，人们点燃火把，挑起水桶，去村外水井挑金银水。通往村外的田间小路上火光闪烁，人影遍地，以抢到第一挑井水为荣。晨曦微露，家家燃响鞭炮，喜迎新春。

（十二）除夕

除夕，又叫过年。清代嘉庆以前，酉阳县苗族在农历十一月（即冬月）过年，称为过"苗年"。也有部分苗族家庭是在农历十二月（即腊月）二十八、二十九日过年，又称"过小年"。当地汉族一般都是在腊月三十日（月小为二十九日）过年，又称"过大年"。光绪年间以后，过年的时间逐渐与汉族相同。

除夕前，家家户户忙于备办饮食，宰猪、做腊肉、打豆腐、舂米粑、做年糕、制粉、压面条等，为过好新年做充分准备。农历大年三十，每家每户贴春联、门神、年画，整理神龛。张灯结彩，一片除旧迎新气象。当天合家欢聚，午后祭祖。祭祖完毕后，各家各户鸣放鞭炮，人们在此起彼伏的鞭炮声中共进年饭，共享美酒佳肴，其乐融融。入夜，灯火辉煌，尤其在农家，燃着旺火，全家人围坐火炉旁，话旧谈心，为来年创造美好生活构建蓝图。

第二节　酉阳苗族的生产生活民俗

》问题导入

如果要问收网归来的渔民："今天打了多少条鱼呀？"渔民会满脸不高兴地不回话就走开了。这是为什么？

一、生产民俗

农业是境内苗族为提供物质生活资料的最主要的生产行业，集中地体现了苗族稻作文明的精髓。在苗族的农业生产习俗中，"活路头"制度、"封土、动土"制度、"开秧门、关秧门"制度和祭献制度是主要的农业生产习俗。

"活路头"制度是苗族在历史发展长河中创造的农耕文明之一，在20世纪70年代以前普遍实行。"活路头"是村寨中承担指挥和安排农活生产任务的自然领袖，一般由精通农活技术、懂得节令气候、经验丰富的男性农民担任。"活路头"属义务性质，有世袭和公众推举两类。随着社会的发展和科技进步，苗族"活路头"制度只在中年人的脑海里留下模模糊糊的记忆。

"动土、封土"制度也是苗族重要的农耕制度。"动土"即春耕伊始时由"活路头"主持的仪式，一般在春节后的第一个"卯"日或"辰"日以自然寨为单位举行。"动土"以后，村寨禁止吹芦笙，到"吃新"以后才解禁。"封土"即一年耕作和收割后举行的仪式，一般在"苗年"后第十二天举行。是日，"活路头"祭礼来到举行"动土"仪式的田块用特定的仪式祭祀，是为"封土"。此后，村寨上任何人均不能再下田劳作。自20世纪50年代以后，此俗已基本消失。苗族的"封土"，一般限于水田，"封土"期间，旱地仍可耕种。

"开秧门"和"关秧门"为苗族农业种植业生产主要民俗事象。"开秧门"是苗族水稻移栽时的重要仪式，一般在播种后的第三个"卯"日或"辰"日或"午"日举行。"开秧门"前，任何人均不得事先插秧。进行时，家家户户采来树叶、野花等将糯米饭染成"五彩糯米饭"庆贺。"开秧门"这天，"活路头"先行来到田边祭祀，在田头插上一根茅草后插几蔸秧苗，是为"开秧门"。"关秧门"是一季水稻移栽结束时的仪式,日子多选在"开秧门"后的第三个"卯"日或"辰"日。是日,家家户户包好粽子,备好酒菜,将田栽完,插上绑有包过粽子的粽粑叶、辣椒、白刺根、刺苞枝、米草包的木棍,洗净各种栽种用具,返家家祭庆贺。

想一想

酉阳苗族在生产中除了上述讲的民俗,还有其他的生产民俗吗?

二、生活民俗

(一)建筑民俗

苗家寨子正房一般为五柱、七柱、九柱之分,厢房一般为五柱、七柱。厢房多为吊脚楼,楼上为客房,楼下为安放石碓、石磨等生活用具的地方。也有的人家把吊脚楼上安排为书房兼卧室,楼下安排为牲畜的居所。3间正房(或5间正房),最居中一间为堂屋。这是家族安放祖先牌位和祭祀先祖之地,是神圣的去处,一般禁止妇女、小孩,尤其是孕妇、产妇入内。堂屋两边的正房,一般是家长或者成年成家之子媳的卧室。转角一般作为厨房、餐厅之用。寨里保存着古老的火铺、三脚、鼎罐等传统炊具。

堂屋后面,有一间不足10平方米的小屋子,当地人称其为"官房"。据说这是主人用来接待官府之人的卧室,故称"官房"。在农家最尊贵的堂屋之后的房间接待客人,表示主人对客人由衷的尊重。

青瓦灰墙的老房子,屋子的窗户皆雕刻着精美的窗花,花、鸟、兽。窗花雕刻里的花,主要是梅花、桃花等;鸟一般是喜鹊、凤凰等,兽类主要是梅花鹿、山羊等。这些窗花,虽然因年代久远,失去了最初的色泽,但雕工精美。

每一栋民居的穿枋斗榫都没用一铁一钉,但能柱柱相连,枋枋相接,梁梁相扣。从纵观看,房屋的上部、中部、下部由一个三棱体和两个长方体组成,看上去端庄稳重、九曲回肠、曲径通幽,又有挺拔健劲之美。而吊脚楼的断面纤巧的木结构穿斗式构架极其轻灵,苗居半边吊脚楼突出"轻"的效果,"悬虚构屋",架空而立,上实下虚,对比强烈。

议一议

酉阳苗族每一栋民居的穿枋斗榫都没用一铁一钉,但能柱柱相连,枋枋相接,梁梁相扣。这种建筑是怎么做到的？

1. 建房仪式

苗族建房主要程序有：

（1）选屋场。苗族崇尚"鱼住滩，人住湾"的宜居习俗，宅地多选在寨内或紧靠寨子空旷向阳的空坪隙地。

（2）备料。一般在盛夏或农闲时进行。需带香、纸钱、酒、肉等祭品进山，祭天地树神后才能砍树备料。

（3）发墨。木料备齐后，请白工抬进屋场，先敬鲁班仙师，再举行发墨仪式。木匠师傅将金墨放进墨斗中，穿上新墨线，端起新墨斗，由主东配合拉墨线，在一根木料上用力一弹，若墨线笔直均匀，则示吉利，否则重发。木匠师傅一边弹墨一边朗诵贺辞："墨弹一根线，金钱进万贯；墨弹一线天，主东发财万贯。"如此反复弹墨3次，木匠才正式操起"浪篙"下料造房。中柱高一般为1.88丈、1.98丈、2.08丈三种，柱、挂等凿孔位置，木匠师傅用鲁班字码在树料各处标识，这些专用符号一般人无法识别。

（4）施工。木匠按照划好的墨线，用锯、斧、凿等分别加工成型，并拼装成排扇。

（5）竖房。竖房当天，全寨人聚集相助，亲朋好友前来庆贺。

（6）上大梁。苗家上大梁，风趣独特，仪式隆重，热闹非凡。上梁仪式一般要经过序幕、问梁、登高、盘根、祭神、抛梁粑、尾声七个程序。

知识链接

主东要在上梁的先一天，请人打糍粑，捏成似桐球大的粑砣，以备抛梁粑之用。上梁当天，全寨的老老少少都来观望。在众人的期待中，两名壮汉抬着屋梁进场，放在木马上。木匠师傅攀梯登上屋顶，每上一级唱上梁词一段，直到中柱顶端。这时，两个帮忙砍梁的人，分别从正堂两边中柱顶处抛下两匹红绸青罗，由地面的人拴住屋梁的两端，静听工匠喧唱《上梁歌》。听到"升梁"之词时，一旁鸣响鞭炮，吹奏唢呐，上梁人扯布升梁，直到把梁搁稳于堂屋两边中柱的顶端方才礼毕。

（7）安龙谢土。苗族崇拜龙，新居落成要在堂屋中建龙窝，安龙神。龙神与土神和睦共居，称为"安龙谢土"。仪式有请龙来、安龙之、敬龙神等，全由苗老司主持安排。内容繁多，程序复杂，各地不一。

（8）装神龛。苗家神龛，有的置于堂屋正中后壁，有的置于火塘边"母柱"处。新居落成，装神龛是一件很严肃的大事。神龛置于堂屋的，讲究高于大门框架，俗话说："神龛高过堂屋门，子孙发在自家门；神龛低于屋门口，荣华富贵往外走"。

（9）立楼门。楼门，即院墙之大门。楼门之外为村寨公共场所，之内为私家宅地。苗族十分讲究这道楼门，所谓"千斤楼门四两屋"，说的就是这一特有的观念。楼门，苗语叫"住垂"，译成汉语就是把屋箍紧的意思。一家人能否团结和睦，兴旺发达，全靠这道门。故在正屋起好之后，必须另择吉日，请风水先生勘定楼门朝向，方可动工。

2. 黑瓦房

黑瓦屋多为木房，按立柱与排挂的多少，可分为五柱六挂、五柱八挂，多者达五柱十挂。房顶盖小青瓦，板壁用木板，涂桐油。前院用青石板砌成坪场，房前屋后栽凤尾竹或枫香树。跨门进堂屋，正中埋有"龙宝"，后边为房间。堂屋的左右两边，有一间必铺地板，内设火堂。苗家对于火塘有着特殊的感情，各地民居不论哪种样式，都设有火塘，而且是不分昼夜、季节，火种长年不熄，以象征一家人气火热，兴旺发达。火塘上悬有炕架，用于熏烤腊肉、野味。火塘中间立有生铁铸的三角架，供劳作归来的苗家人围火煮饭炒菜。如有亲朋好友来访，大家围在火塘边饮酒放歌，其乐融融。火塘内放的三角铁架象征祖先，故不能踏脚，一家人围坐在它的周围，在祖先的庇护下，充分享受家的温暖。

◆ 知识链接

火塘的设置很讲究，通常用条石镶边之后，又用椿木在周围围成正方形，然后在火塘周围用硬木板铺成离地面约一尺高的地楼，苗家称之为"班众"，时常擦得明光闪亮。火塘的安置要与中柱屋脊相对称，偏前偏后俱不相宜。靠边一排中柱下方，是安家神的位置，苗家人称之为"行果"，相当于汉族的"神龛"。平常供祭时，在这里烧香纸，以酒敬之。所以在围火塘烤火时，主宾有别，坐规有序，即以中柱一边为上方，属长者座位，客人、妇女及小孩不能坐此方位，更不能在此打闹；下方坐晚辈，其他两方不论。

3. 吊脚楼

吊脚楼为酉阳苗族民居特色之一。凡在斜坡上建吊脚楼，需根据地势，用木桩架高底部，然后装上穿枋，穿好横梁，上垫木板，在此基础上建房两层。平地上建吊脚楼多是配置于正房的一侧或两侧。苗家吊脚楼飞檐翘角，有两面、三面、甚至四面设走廊的，悬出木质栏杆。栏杆上雕花纹，如万字格、亚字格、喜字格等象征吉祥如意的图案。楼上向阳开窗。窗雕千姿百态，有双凤朝阳、喜鹊闹梅、狮子滚球等。吊脚楼的悬柱有八菱形、四方形，下垂底端常雕绣球、金瓜等图纹。吊脚楼的下层多作贮藏粮食或摆放家具农具之用，楼上则为主人居室或客房。楼外长廊为妇女绣花挑纱、打花带、晾纱、晒衣物的场所。

🔍 查一查

酉阳土家族的吊脚楼很有特色，查一查酉阳土家族的吊脚楼和苗族的吊脚楼有区别吗？

4. 跳岩

苗乡溪河纵横，人们生活劳作天天要过溪河。河面较窄时，苗家人就架石桥过河。但河床较宽，不易架桥时，苗家人就在溪流中竖起一根根粗大的石柱，这就是人们常说的"跳岩"。修跳岩为公益事业，自发组织，不吃谁家饭，不花谁家钱，只要上工时喊一声就行了，各自扛起工具参战。大家按照一定的线路，在水中岩石上凿成距离相等的石槽，再把条石竖直插于槽中固牢。这样修成的跳岩既美观又减少洪水冲力，行人可稳稳当当地来回行走，别具苗乡韵味。

（二）饮食民俗

1. 酸坛

酉阳苗家饮食独特的民族风俗是喜食酸味，以酸汤最为著名。酸味食品主要有酸汤、酸菜、腌酸鱼、牛肉酸、猪肉酸、酸辣子、酸萝卜、青菜酸、豆类酸等。苗族吃酸菜的历史悠久，跟他们深居高山，缺少食盐有关，平时很难买到蔬菜和肉类，所以每家都备有酸坛，用以腌制各种酸味食品。在制作酸味食品上，苗家人有整套工艺和吃法。苗族几乎家家都有腌制食品的坛子，统称酸坛。

2. 饮料

日常饮料以油茶最为普遍。把玉米、黄豆、蚕豆、红薯片、麦粉团、芝麻、糯米分别炒熟，用茶油炸一下，存放起来。客人到来，将各种炸品及盐、蒜、胡椒粉放入碗中，用沸茶水冲开。

喝茶时，如果客人不想喝了，就把一根筷子架在碗上即可，否则主人会一直请你喝下去。

3. 酒文化

苗族人普遍喜欢喝酒，常以酒解除疲劳，以酒示敬，以酒传情，饮酒为乐。苗家的酒主要有白酒、甜酒、刺梨酒、泡酒等。白酒即土酒，苗家人常饮，以大米、糯米、玉米、高粱等为原料酿制。泡酒则是在甜酒的基础上掺入适量清水或冷开水即可饮用。

❖ **知识链接**

酉阳苗族胡刺梨酒是用蒸熟的刺梨干掺和适量的米饭，加入自制的酒曲拌匀后，入缸密封。半月后酒化，再用木甑蒸馏，可分别得到20度、30度和50度的刺梨酒。以糯米和刺梨酿制的刺梨酒为最佳，具有消食助气的功效。

4. 社饭

社饭是酉阳苗族、土家族等民族祭祀社稷的一种食品。吃社饭，主要在社日（即立春后第五个戊日）进行，民间习惯称为"过社""拦社"等。戊日属土，所以这天是祭祀土地菩萨的日子，人们以祈年景顺利，五谷丰登，家运祥和。

社饭主要在社日（即立春后的第五个戊日）进行，也就是春社。戊日属土，所以这天也是祭祀土地神的日子。人们以此祈年景顺利、五谷丰登、家运祥和。这一天，家家户户都要煮社饭吃，以示过社。客人如碰上这个节日，那你就大饱"口福"了。

❖ **知识链接**

社饭的制作方法是：将田园、溪边、山坡上的鲜嫩社蒿（香蒿、青蒿）采撷回家，洗净剁碎，揉尽苦水，焙干，与野蒜、地米菜、腊豆干、腊肉干等辅料掺合糯米（可掺部分粘米，但需先将粘米煮成半熟后掺入糯米）蒸或焖制而成。其味鲜美，芳香扑鼻，松软可口，老少皆宜。

（三）服饰习俗

1. 头帕

苗族的头帕要比土家族的复杂一些，男女青少年长到十二三岁时，必须掌握包头帕的技巧。苗族头帕的包法多达十余种，在包法上各有各的章法，但必须做到造型精巧，脉络清晰，折叠有致，平正不倚。苗族的头帕种类很多，有丝帕、青帕、白帕、花格帕、扎染花帕和挑花帕等。女子的头帕长度一般在4米以上，长的达10米，缠成高高的筒形，筒帕越高，越显其富有和尊贵。苗族民间素有"选郎没有巧，头帕要包好"之说，可见头帕在苗族人心中的重要性。

"草苗"（黑衣苗）男女均包长帕和短帕。长帕一般在冷天使用，头帕的包裹方式是沿头部缠圈，节日里则头插野山雉羽毛。女子长帕于额门绕后在发髻下面打结，并留一截帕头垂于脑后。男子头部常以青色或深紫色的头帕裹顶，头帕两端绣有彩色锯齿状图案，裹头时常把一端的图案露于外边。女子的头帕为黑白或蓝白相间的格纹布，未婚女子用彩色绒线扎辫子末端，和辫子一起盘于头帕外边。中老年妇女头帕除了格纹帕，还有黑色或深紫色头帕。

2. 蜡染印花

蜡染印花工艺在酉阳苗家世代相传，继承和发扬了传统的蜡染工艺，成为苗族妇女生活中不可缺少的一种艺术。苗族妇女们的头巾、围腰、衣服、裙子、绑腿等，都是蜡染印花制成，其他如伞套、枕巾、饭篮盖帕、包袱、书包、背带等，也都使用蜡染。苗族妇女们还把蜡染花纹装饰在衣袖、衣襟和衣服前后摆的边缘上，她们背孩子的蜡染背带，点染得精巧细致，除蓝白二色外，有的还加染上红、黄、绿等色，成为明快富丽的多色蜡染。

随着社会、经济、文化教育的发展，尤其是受市场经济大潮的影响，人们对市场的依赖性增强，传统手工产品受到了冲击，因此现代苗族人的价值观念也发生了变化，蜡染印花仅作为一种民族工艺保存。苗族蜡传统蜡染印花，每一笔都透着灵气，构图也用心良苦，整个画面精致而饱满，堪称艺术精品。

3. 银饰

苗族喜银饰，旧时酉阳的苗族妇女，银饰可分头饰、颈饰、胸饰、手饰、盛装饰和童帽饰等，都是由苗族银匠精心打制而成的。苗族银饰以其多样的品种、奇美的造型与精巧的工艺，不仅向人们呈现了一个瑰丽多彩的艺术世界，而且也展示出一个有着丰富内涵的精神世界。苗族银饰的种类较多，从头到脚，无处不饰。除头饰、胸颈饰、手饰、衣饰、背饰、腰坠饰外，个别地方还有脚饰。

盛装的苗族银饰首先以大为美，大银角几乎为佩戴者身高的一半。头上银饰堆大为山，呈现出巍峨之美；其次是以重为美，苗族女性自幼穿耳后，即用渐次加粗的圆棍扩大穿孔，以确保能戴上当地流行的圆轮形耳环，利用耳环的重量拉长耳垂。有些妇女因耳环过重，耳垂被拉豁，曾有银耳环单只重达200克的；再次是苗族银饰以多为美。不少苗族妇女耳环挂三四只，叠至垂肩。项圈戴三四件，没颈掩额。胸饰、腰饰倾其所有，悉数佩戴。苗族女性盛妆组合部件有数百之多，重叠繁复，呈现出一种繁复之美。

想一想

为什么苗族姑娘这么喜欢银饰？

第三节　酉阳苗族的交际民俗

> **问题导入**

在日常生活中，我们见面时常说："你好！"或者见面时握手表示友谊、热情、良好的祝愿。那酉阳苗族有什么样的习俗？

一、待客民俗

苗族是一个热情好客的民族，像许多少数民族一样具有民族特色和别样的待客风俗。

（一）包拉总

"拉总"，苗语谓"地楼"，又称"总站"。"包拉总"，苗语谓睡觉。苗家通，常在火炕边用硬木板铺成地楼，离地高尺许，此处不准生人随便上去。到苗家做客，若主人没有招呼坐下，万不可在火炕旁凳上就座，因火炕旁是苗家安灵设位祭祖之地。主人请坐之后，须擦掉鞋底上的泥土。晚上就寝时，若主人请"包拉总"，客人不能上床，必须规规矩矩地躺在火炕旁的地毯上。此时，不能说这是"睡地铺"。"睡地铺"苗家叫"包大斗"，专指睡在地上的牲畜。安客人睡地楼，是让客人同主人的祖先英灵睡在一起，是表示对客人的敬重。

（二）敬牛角酒

凡有宾客，主人即以自酿米酒斟满牛角，双手捧着相敬。如果来者是贵客，必须持酒捧案于路口迎候，主人双手将中角敬奉贵宾唇边，客人若不善饮酒，须双手相接，将酒饮尽。敬酒后主人将几根筷子捆成一束，蘸上朱红，在客人额上点一个红印，表示为客人祝福之意。送客之礼与此同。

（三）奉鸡心

苗族人民款待最信任的人，便要杀鸡宰鸭，由家长或同族中最有威望的人，将鸡心或鸭心奉给客人吃；以此相送，即喻以心相托。但客人不能马上自己吃掉，须按苗家风俗，同在座的老人分享；以此示自己大公无私，不会有二心，是主人的知己。如果不懂规矩，独食鸡心鸭心，就会受到冷遇乃至被孤立。苗族人认为，鸡心代表人心，以鸡心献给客人，包含着"交心"之意，表示自己的至诚。所以，每有宾客来到，友人一定要宰鸡杀鸭，在宴请客人时，长者或尊者将烹制好的熟鸡、鸭心敬献给客人，表示"同心一意，交契至诚"。客人接受后，要把鸡心分成若干份，回赠给在座的诸位尊长，以示自己的心无私、忠诚，然后大家才一起食用。

（四）拦门酒

这是一种非常隆重的礼节，每当有客人或者贵宾来时，都是全家，甚至全寨的人去迎接，拦门的时候，在门口摆上自家酿的一碗碗米酒，客人们进门时，每人都需要喝上一碗、两碗或者一口、两口，他们以这种独特的方式表达对客人的尊敬。拦门酒，其实是纯朴的寨子人寄情于酒想向客人表达的像酒一样浓烈和清纯的内心。客人喝得越多，他们心里就越是高兴，会被认为是看得起和对他们的敬重。在寨子里，不同场合中，最多可有12道拦门酒。

查一查

酉阳苗族有拦路酒的民俗，还有其他的少数民族有这种民俗吗？是哪些少数民俗呢？

二、交际民俗

相见先问姓为苗族交际习俗。青年男女之间第一次见面，按规矩首先应问清对方的姓。若双方同姓，以兄妹、姐弟相称，以礼相待，不能戏谑、对歌和跳舞。若不同姓，可以戏谑和唱歌跳舞。但如要考虑向对方求爱，未修眉才可用言语歌声探情示爱。打转也是苗族交际民俗。苗族男子喜欢佩刀。生下男孩后，父母和亲友要准备一块与孩子体重相等的铁埋于地下。以后，男孩每年生日，将铁挖起来锻打一次。孩子长到16岁时，将此铁打成苗刀，佩在身上。

第四节　酉阳苗族信仰禁忌民俗

》问题导入

在历史演进的长河中，苗族创造了自己的巫文化，以信鬼好巫、多神崇拜信仰而著称。其对酉阳苗族产生了什么影响？

一、宗教信仰

苗族过去信仰万物有灵，崇拜自然，祀奉祖先。"牯藏节"是苗族民间最大的祭祀活动。一般是七年一小祭，十三年一大祭。于农历十月至十一月的乙亥日进行，届时要杀一头牯子牛，跳芦笙舞，祭祀先人。食时邀亲朋共聚一堂，以求增进感情，家庭和睦。

苗族的主要信仰有自然崇拜、图腾崇拜、祖先崇拜等原始宗教形式。

二、万物有灵

传统地讲，苗族对一些巨型或奇形的自然物，往往认为是一种灵性的体现，因而对其顶礼膜拜，酒肉祭供。其中比较典型苗族的自然崇拜物有巨石（怪石）、岩洞、大树、山林等。此外，苗族认为一些自然现象或自然物具有神性或鬼性，苗族语言往往鬼神不分，或者两词并用。多数情况下，鬼被认为是被遗弃或受委屈的灵魂和工具所变成的，常给人类带来灾难、病痛、瘟疫或其他不幸，比如所谓东方鬼、西方鬼、母猪鬼、吊死鬼、老虎鬼等，被称为恶鬼。而有灵性的自然现象常被认为是善鬼，具有一定的神性，如山神、谷魂、棉神、风神、雷神、雨神、太阳神、月亮神等。对于善鬼、恶鬼，苗族人的祭祀之法亦不同。对善鬼有送有迎，祭祀较真诚，对恶鬼则要贿赂哄骗直至驱赶使之远离。

苗族还认为自然界存在许多精怪。比如牛在厩内以粪便盖身或在厩内打转、将粪踩成圆圈，猪吃猪仔或躺在食槽里，鸭吃鸭蛋，老虎进田，两蛇交尾，母鸡发出公鸡的鸣叫等均属出现了相应的精怪。

在一些苗族地区，人造物崇拜有土地菩萨、土地奶、家神、祭桥、水井等。土地菩萨苗语叫土地鬼，一般由几块石头垒成，土地屋多为木制或用三块石板搭成，极为简陋，设于寨旁路口处或大路边行人休息处。

三、图腾崇拜

苗族与瑶族共同崇拜盘瓠（一种神犬）。他们世代传说着"神母犬父"的故事，把盘瓠视为自己的始祖。中部地区一些苗族认为他们的始祖姜央起源于枫木树心，因而把枫树视为图腾。另有一些地区的苗族以水牛、竹子等为自己的图腾崇拜对象。普遍地，祖先崇拜在苗族社会中占有十分重要的位置。他们认为祖先虽然死去，其灵魂却永远与子孙同在，逢年过节必以酒肉供奉，甚至日常饮食也要随时敬奉祖先。

吃牯脏亦称祭鼓节、鼓社节、鼓藏（牯脏）节，以宗族（鼓社）为单位，每七年或十三年举行一次。主祭者称为牯脏头，祭品牯脏牛是专门为此而饲养的。

❖ 知识链接

大多数苗族人虔信巫术。主要的巫术活动有过阴、占卜、神明裁判、祭鬼等，此外还有蛊术等。巫术活动由巫师主持。巫师大多是非职业化的。他们在前述各种原生性崇拜和巫术活动中起着主持者的角色，有的地方巫师还兼任寨老。巫师除了熟悉祭祀方法外，大多还能讲述本宗支的谱系、本民族重大历史事件和迁徙来源的路线，熟悉各种神话传说、古歌古词和民间故事，有的巫师还兼有歌师和舞师的职能。所以说，巫师是苗族传统文化的重要的传承人，在苗族社会中充任知识分子的角色。此外，巫师还掌握一定的医术，懂得一些草药，在为人驱鬼的同时，辅以科学的医药手段。

四、苗族禁忌

产忌：产妇生育，忌外人入室。不慎误入者，出门时须洗脚，并喝下一碗冷水，以防将产妇的奶水"踩干"。产妇忌吃老母黄牛肉、母猪肉、公鸡肉、小鱼、蔬菜、辣椒等。有些苗族地区，忌孕妇与孕妇会面，亦忌去别的产妇家，否则会被认为其产期将会延长。

农事禁忌：苗族人每年第一次往田里送粪归来时忌见外人，若遇之，忌打招呼。栽秧时若见秧田有鱼时忌说鱼，否则鱼会吃秧根。有些村寨，收获小米时留下穗小的不收，若孩子问及，忌说"不要了"，要说"它们未长大"，否则以后小米会因伤心而拒绝再长。在田中忌提及老鼠，惟恐其听苗族到前来糟蹋庄稼，只能以"他们父子"来代称之。忌戊日，正月立春后，凡遇戊日忌动土挑水。

丧葬禁忌：有些苗族地区，忌男性死于白天，女性死于夜晚，认为时辰不对，死者须再要一异性死者相伴。故死时不适，丧家常请巫师念咒"改"，同时做一手掌大小的木棺同葬，示已有伴。忌棺内放铁、铜等非银金属及棉花和涂有桐油之物。在一些苗族地区，村寨死人当天，可上劳动，但忌下田。是日，同村人忌挑柴回家，否则挑柴者会有灾难。停柩期间，家属忌吃蔬菜。入葬后1月内，家中任何东西不得出卖或借人。

生活习俗禁忌：有些苗族地区，忌随时洗刷饮甑、饭包、饭盆，只能在吃新米时洗，以示去旧米迎新米。随时洗刷会洗去家财，饭不够吃。在山上饮生水忌直接饮用，须先打草标，以示杀死病鬼。忌动他人放于路边的衣物，以免传染麻风病。忌孩子在家中乱耍小弓箭，恐射中祖先。忌摸、拍小孩头顶，否则孩子长不高。禁忌妇女与长辈同坐一条长凳。

议一议

中国有56个民族，每个少数民族都有一些禁忌，酉阳苗族还有哪些禁忌？

第五节　酉阳苗族家族民俗

>> 问题导入

家人是我们每天都要面对的人,所以家人之间的相处交流非常重要。而现在的人虽然温饱问题解决了,但是家庭的幸福感却没有以前那么高,到底是什么因素导致了家庭中的矛盾四起？酉阳苗族家族有什么民俗？

一、家庭民俗

苗族普遍实行以父系为中心的小家庭制。家庭成员以两代或三代同住者多,四代以上同住的极少。多数是儿子结婚以后,即与父母分居另立家庭。父母多同幼子或自己最心爱的儿子一起生活。在家庭中,男性家长有较大权力,女性家长其次,成年子女有"参议"权。家庭财产只有男子才有继承权。分居时,除留一份给父母作"养老田"外,其余由儿子继承。兄弟多的实行平均分配。没有长子(或幼子)继承制。有些地方前妻长子可多分点,但没有形成制度。女子没有继承权。有的地方,如黔东南地区的部分苗族中,对未出嫁姑娘也分给小部分田产,供其作生活开支,叫"姑娘田",由其同住父母或兄弟掌管,但姑娘出嫁后,便无权享受,也有的要到姑娘死后才收回。赘婿有财产继承权。寡妇若不另嫁,也可继承亡夫家产,如果转房,则由原夫儿子继承。

苗族直系亲属与旁系亲属关系,一般比较亲密,仅有程度轻微的亲疏之分。他们组成一个家族,守望相助,贫困相扶持。在家族同辈成员中,不分直系旁系,不计亲疏远近,皆以兄弟姐妹相称。对于父辈者,均以叔伯父母称呼。对与祖父同辈的人,均以祖父或祖母称呼。对祖父以上的辈分,概以老祖父、老祖母呼之。对下辈,一般是直呼其名。苗族很讲究家教家规。对父母要孝敬,对兄弟姐妹要友爱,尊重长辈,爱护晚辈,是传统美德。叔嫂之间不可越伦。长辈不能对儿媳、孙媳开玩笑。晚辈不能在长辈前面戏耍轻浮。

苗族家族内部聚合力很强。在日常生活中,互相比较关心。若某家有重大困难,则举族相助；有贫困无衣者,全族极力扶持。相互间若发生纷争,小事则批评劝解,大事则由族中有威望者召集族人公议处断。家族中，团结对外的观念也很强。

二、姓氏民俗

苗族家族过去都有自己的姓氏，即苗姓。它起源于古代氏族，一般称为某某支或某某分支。有的支以其首领名字命名，有的支以地名、动物名命名。为了便于追叙族谱，个人取名时多采用父子连名制，按连名顺序上溯，就可追溯到本家族的起源。父子连名是子名在前，父名在后，也有个别加连祖父名，如父名保，子名岩，即取名岩保。如祖父名里，连起来就成了岩保里。这是一般直系血统成年人的正式取名法，小儿取小名不在此列。

一个自然村落内，平均十户人家使用一个苗姓（家族），但是名字却少得多。取名都是在固定的意义中选一个，男女名字加起来不过数十个。所以在苗族社会中重名的概率比较大，但是重名重姓的机会不多见。"姓氏"在苗语中称为"zaid寨"，意思为"家"或者"家族"之意。比如说"zaid liuf寨留"指的就是"留家族"。例如苗族人在见到陌生人的时候都要问："mengx dios zaid ghab xid（你是哪个家族的？）"这个时候基本上问的就是苗姓。

汉姓在苗族社会中都是一些常见姓氏，比如杨姓、王姓、万姓、龙姓、张姓之类。但是其内部家族又是非常复杂。由于汉姓在苗区的种类很少，但是苗姓却有上百种之多。显然单纯用汉姓是无法区分各个家族的，所以苗族社会内部基本上用苗名苗姓，对外用汉名汉姓。但是酉阳的石泉苗寨分上中下3寨，全是石姓。

由于苗族在政治上长期处于流官的统治，使用汉名汉姓已成惯性。长期以来官方对苗族的姓名姓氏知之甚少。但是在其内部苗姓汉姓并行不悖。随着苗族文化教育水平的提高，民族自信心的增强，对外使用苗名苗姓的现象逐渐增加。

做一做

请讲一讲自己家的家训、家规。

三、石氏家训

始祖碏公，史称纯臣；西汉万石，孝谨以闻。家族传承，善良为本；爱国爱乡，正义本真。人争年少，珍惜青春；建功立业，开拓创新。孝敬父母，教导子孙；夫妻和谐，兄弟情深。修桥铺路，助孤解困；爱岗敬业，团结乡邻。节俭持家，劳作耕耘，贫穷不移，富贵不淫。讷言敏行，守法安分；清廉为官，清白为民。做人规戒，赌毒色浸；淡泊名利，诚实守信。见义勇为，扶危济贫；尊师重教，公益热心。造福社会，服务族群；矢志不渝，家风长存。

据《石氏族谱》记载，酉阳石姓一世祖石宦曹系北宋开国元勋石守信六世孙石士器后裔。石泉石姓从"才"字辈传至"世"字辈，迄今已有15代。石姓人素来尚武，故人多高大，性格粗犷豪爽，明清出了两个武秀才。后来随着汉文化的渗透，逐渐重视文化和教育，清末即有石昌熙中举、石宗俊中秀才。

查一查

酉阳最出名的是冉土司家谱，各位同学查一查自己家的家谱。

第六节 苗族的民间文艺民俗

问题导入

民间文艺生于民间、兴于民间，劳动人民是民间文艺的创造者，生活是民间文艺最广阔的舞台。你了解酉阳苗族的民间文艺吗？其中有你会的或者感兴趣的吗？

一、苗族民间文学

（一）诗歌

苗族诗歌讲求音韵，有五言体、七言体、长短句。语言简练和谐、匀称，通俗易懂，能表达丰富的思想感情，具有很强的艺术感染力，是苗族民间文学最重要的表现形式，使用范围极广。如至亲好友迎来送往，男女间谈情说爱，甚至做媒说亲，调解纠纷，制订乡规民约，教育子女，叙述家谱、家规，有时也用诗歌表达。劳动时也用诗歌来助兴，劳动之余又借诗歌来消除疲劳。

1. 创世歌

创世歌是一种很古老的神话故事歌，主要是叙述天地日月的起源，万物的产生。这类歌有《开天辟地歌》《万物起源歌》等。

2. 祖先歌

祖先歌主要叙述人类的产生、民族的来源和迁徙，如《人类起源歌》《洪水滔天》等。这类歌主题思想积极进取，在相当程度上曲折地反映了真实的历史，有史料研究价值。

3. 理歌议榔词

理歌议榔词反映了苗族古代社会组织情况，主要是叙述各种社会伦理、行为规范，规劝人们去恶从善。

4. 迁徙歌

迁徙歌在苗族中大量存在。各地苗族都有自己的迁徙史，因而都有自己的迁徙歌。

5. 起义斗争歌

起义斗争歌又称反歌，多是控诉旧社会的黑暗和歌颂人民的反抗斗争。

6. 生产劳动歌

生产劳动歌各地都有。其中以黔东南的最为完整，如《刺绣歌》《种棉歌》《纺纱织布歌》《蜡染歌》《造酒歌》《造船歌》等。主题思想积极，多是鼓励人们努力劳动、创造美好生活的作品。

7. 情歌

情歌是青年男女谈情说爱时所唱的歌。用词含蓄优美，富于抒情。有表白式、问答式等，多是托物言情。

8. 苗族婚姻歌

苗族婚姻歌反映了苗族由氏族内婚到氏族外婚，由母系制到父系制的演变过程，是研究婚姻史不可多得的材料。

做一做

同学们学一首你欣赏的酉阳苗族诗歌。

（二）音乐

苗族音乐，有民歌曲调、芦笙曲调、唢呐曲调和箫琴曲调等，其中最普遍的是民歌曲调和芦笙曲调。

芦笙是苗族最有代表性的传统乐器，古代在所有苗族中都很盛行。近代以来，除湘鄂川黔四省边区苗族已完全失传外，其余各地苗族仍普遍使用。芦笙曲调也是苗族音乐中最有代表性的曲调，且往往因地而异。传统曲调有舞曲、代歌曲、问讯曲、祭祀曲等几种，每种又有若干曲牌。舞曲的节奏较轻快，给人以明显的抑扬顿挫之感。代歌曲曲调柔和婉转，带有尾声。问讯曲曲调缓款，节奏明朗。

除芦笙外，还有唢呐、芒筒、琴、箫、笛、锣、鼓。唢呐各地都普遍使用，并配有大号和皮鼓。

（三）傩戏

傩是中国远古时期先民们全体参加的驱疫逐邪的巫术祭祀活动，是中国各民族先民共生的文化现象，人们惯常以巫傩称之。

生活在乌江上的苗族同胞的先民，在远古时代"信鬼不信神"，认为祖先死后仍可以保佑子孙后代。因此，苗族先民往往祈求祖先，助其实现心愿，一旦酬愿便要祭祀祖先，俗称"还傩愿"。还愿时举行的仪式就是傩仪。还傩愿主要由苗巫师主持，跳傩时配以唱、念及动作，仪式非常庄严肃穆。明末清初民间艺人开始将"还傩愿"的部分内容整理、加工、完善后搬上舞台，便成了傩戏。因此说，傩戏是从庄严的祭祖仪式脱胎而成的一种独具特色的地方曲目。傩戏没有管弦乐，但有节奏明快的锣鼓伴奏，曲调流畅悦耳，剧情风趣诙谐，更具有浓郁神秘的苗族文化色彩，深受苗族同胞的喜爱。

苗傩有"文戏"和"武戏"之分。做"文戏"不戴面具（面具俗称为鬼脸壳），谓之为"法事"。表演时，需有吹海螺、敲木鱼、大小钹、锣、鼓、撞铃各一人组成（即称乐队），掌坛法师使用印尺、令尺、卦、神印等法器，"法堂"一般设在主家堂屋内或天井坝中。是时，敲锣打鼓，又唱又念，手舞足蹈，表现一定的故事情节或整个故事内容。围观者数以百计，通宵达旦。"武戏"谓之"还愿"，有"财愿""护家愿""招魂愿""脱疾愿""期盼愿"等多种。还愿则必戏，演唱傩戏的班子称为"坛"，班主则称坛主或掌坛师。演出时以三五人头戴木制面具，一人主唱，众人合之，随着锣鼓的伴奏且唱且跳，虽动作呆板而不失风趣诙谐，歌腔单调却也词粗理正。还坛神有24堂法事、12个剧目。剧目大多为劝善、劝孝、劝勤劳等内容，也有打趣解闷的内容。苗族傩戏面具又叫脸子壳壳，它是傩戏的主要标志，巫师戴上它就被赋予一种神的象征，将人的愿望传递给"神"，代"神"将其旨意传达给人，因此，面具就成了人神一体的载体。苗傩的面具，是一种源远流长的神秘文化事象，是远古时期原始初民图腾崇拜的产物，也是凝聚部落氏族宗教信仰和思想的法器。据考证，傩戏面具——"山王"是世界上保存最完整、最原始的一种傩面具。它特殊的雕刻工艺和艺人的夸张及艺术，是宝贵的非物质文化遗产。

苗族认为面具能够通神避邪，在祭祀庆典中，它是各种神的化身，戴上面具，人便变成了神，代表着一种相应的神秘力量和典型性格。它能呼风唤雨、驱鬼降魔、镇邪祛病。这些面具伶俐夸张、丰富多样，凝聚和融入了苗族先民对自然的理解以及一种宗教体验。苗族的傩面具多以木、竹、金、银、玉等为材料，镂刻成凶悍、狰狞的神怪鬼魅形象，豹头狮鼻，竖眉凸眼，青面獠牙，面肌饱绽，表现出一种庄肃、威严、嫉恶如仇、避邪生正、吉祥如意的宗教信仰和情感寄托。

苗傩"法事"与"还愿"时间通常选在每年冬月至次年清明节前的吉日进行，吉日大多选在"猪场天"（亥日）、"马场天"（午日）或"鸡场天"（酉日）。做"法事"或"还愿"都必须备大米一石（400斤）、糯米三斗（120斤）、白酒十坛（250斤）、肥猪一头（150斤左右）、雄鸡一只、豆腐二百块、香100把、纸钱10坨、红烛

12挂（480支）、大小香钵82个、酬金70~100元。苗傩整场活动分为"开坛请圣""跳堂""送神"三个阶段。通常做三天三夜或七天七夜，规模可大可小，大者，讲气派、排场，围观者数以千计，场面气氛热烈。在酉阳一些乡镇，流行着苗（喇叭）族傩戏，当地人称之为"庆坛"。"庆坛"中"勾愿"活动程度分23折进行，即："起鼓闹堂""请神下马""开牌""迎神上座""启告五方参城隍清仗""上五狱表""城隍面前奏表""打邪踩九州""安营扎寨""领牲杀猪""扫殿""架桥接菩萨""祭天门土地""钩猪""拜星辰""差兵""背钱""增粮赴洞""迁坛上座""推星""开壶酬谢""捡斋""送圣"。

苗族傩戏语言诙谐，常以谐音、反语引发戏剧效果，妙趣横生，令人捧腹。苗族傩文化内容大都以较为完整的民间故事《张兆二郎与王母成亲》《圣公圣母成亲》等内容贯穿整个"庆坛"活动。其中有最能表现该民族迁徙、生息、繁衍过程的表演，也有中国名著《西游记》《三国演义》等精彩片段内容的表演等。苗族傩戏的音乐比较丰富，主要包括苗族歌曲、苗族民间歌舞音乐、苗族的民间宗教音乐、民间苗戏音乐、民间特色器乐。

苗族傩戏是一种综合的、有宗教色彩、假面演出的民间艺术戏曲，表演者头戴假面，具有鲜明的艺术特点。苗族傩戏是集傩祭、傩舞、傩戏于一体的民间巫傩艺术，既保留了许多祭祀仪式中的巫傩祭祀形式，又加入了大量男女交合、生殖崇拜的原始表演动作，言语诙谐逗趣，动作粗俗原始，情节简单，独具苗族神秘特色。

查一查

酉阳的阳戏和苗族的傩戏有什么区别和联系？

二、民间工艺

1. 酉州苗绣

酉阳作为土家族苗族聚居地，苗绣也曾在这里风光过。然而，随着时代的变迁，酉州苗绣的光彩慢慢地褪去，会这门民族技艺的人已是屈指可数。如今，为让更多人了解酉州苗绣，喜欢酉州苗绣，其产品越来越多，有极具苗族民族特色的苗绣屏风、民族服装、苗绣饰品、苗绣家居装饰品、苗秀头饰等30余个。

据酉州苗绣的传承人陈国桃介绍，现存的苗绣，起源于古代濮人的雕题文身，以谋生存。自濮人到南蛮，由于蚕桑之术的发明，雕题文身开始从残酷的保身艺术转变成美的装饰艺术，随之演变的，是挑花、织花、凿花、绣花等民间技艺。时至春秋、战国，湘绣、蛮绣便形成了。后来，湘绣以居住在湘江流域的濮人后裔相柳一支为主体，其绣花技艺向写实逼真的艺术境界发展；蛮绣以居住在沅江流域、乌江流域的蛮氏为主体，其技艺向幻想的艺术境界发展，形成了如今的酉州苗绣。

身处大山深处的酉州苗寨，自古与外界联系甚少，人们就把对外界的憧憬和对美好生活的愿望，以及身边的环境表现在刺绣中了。在刺绣时，人们多以红、绿色为主，辅以其他色彩鲜丽的丝线，花纹稠密，富丽堂皇。在色彩斑斓间，千年苗寨的恬静生活便浮现眼前。

在酉州苗绣中，你可以看到五彩的龙，头顶写"王"字的凤，身肥眼大的鱼，桃花、梅花、菊花共生的树等。因为苗族妇女热爱大自然中的牡丹花、喜鹊、蝴蝶、鲤鱼等吉祥的事物，在创作时便通过艺术的加工，大胆地进行夸张变形，富有浓郁的乡土气息和艺术感染力。

酉州苗绣的每一道工序都是采用全手工制作，包括粘花、上绷架、配线、刺绣、缝合等步骤，石榴针绣、数纱绣、辫绣、锁针绣等刺绣技法多达几十种，一件长宽一米的作品需要至少一年时间才能完成。

酉州苗绣虽然只是一项民间技艺，但却是一门综合学科，包含了美术、历史、绘画等多门知识，而它的根基则是立足在了苗族的历史文化之上。

❖ 知识链接

2021年1月25日，重庆市酉阳土家族苗族自治县车田乡小寨村，村民在当地开设的苗绣作坊务工。"酉州苗绣"是第六批重庆市非物质文化遗产项目，被誉为"针尖上的国粹"。目前，重庆市酉阳土家族苗族自治县通过建设苗绣作坊，开办苗绣培训班，吸纳带动500人实现就业增收。

2. 竹编

酉阳当地苗家人传统竹编工艺有着悠久的历史，凝聚着苗家人辛勤劳作的结晶，形成了别具一格的竹编工艺。

竹编工艺品分为细丝工艺品和粗丝工艺品。竹编工艺大体可分起底、编织、锁口三道工序。在编织过程中，以经纬编织法为主。在经纬编织的基础上，还可以穿插各种技法，如：疏编、插、穿、削、锁、钉、扎、套等，使编出的工艺品图案花色变化多样。需要配以其他色彩的制品就用染色的竹片或竹丝互相插扭，形成各种色彩对比强烈、鲜艳明快的花纹。瓷胎竹编工艺使用的竹材是经过严格挑选的特长无节慈竹，需经过破竹、烤色、去节、分层、定色、刮平、划丝、抽匀等十几道工序，全是手工操作，制作出精细的竹丝。瓷胎竹编所用竹丝断面全为矩形，在厚薄粗细上都有严格要求，厚度仅为一两根头发丝厚，宽度也只有四五根发丝宽，根根竹丝都通过匀刀，达到厚薄均匀，粗细一致，观者无不赞叹其难。

瓷胎竹编在制作过程中全凭双手和一把刀进行手工编织，让根根竹丝依胎成形，紧贴瓷面，所有接头之处都做到藏而不露，宛如天然生成、浑然一体。瓷胎竹编产品只使用竹材表面一层，纤维十分紧密，同时进行了特殊的处理，使之能够耐干燥，不变形，无虫蛀，耐水，可清洗。

3. 木雕窗花

木雕窗花是反映在门窗上各种花纹的简称，窗花按形状分一般有：长方形、正方形、圆形、半圆形、方中套圆形、圆中套方形。

苗家吊脚楼窗花雕刻艺术是衡量建筑工艺水平高低的重要标志。有浮雕、镂空雕等多种雕刻工艺，雕刻手法细腻，内涵丰富多彩。有的象征地位、有的祈求吉祥、有的表现农耕、有的反映生活、有的教育子孙、有的记录风情。飞禽走兽、花鸟虫鱼、歌舞竞技、神话传说，栩栩如生，蓄意深刻。

第四章

酉阳其他民族民俗

学习目标

- 了解酉阳除了土家族、苗族以外,主要还有其他哪些少数民族
- 掌握酉阳侗族、布依族的居住习俗
- 能区别酉阳侗族和布依族的婚俗

第一节　酉阳侗族民俗

>> 问题导入

大家都知道酉阳是土家族、苗族少数民族的聚居地，你们知道在这片神奇的土地上还住着哪些少数民族吗？

一、宗教信仰

侗族信奉原始宗教，崇拜多神，无论是山川河流、古树巨石、桥梁、水井等，都视为有神灵之物，都是崇拜的对象。侗族人相信灵魂不死，有浓厚的自然崇拜、灵魂崇拜、祖先崇拜。生活中以鸡卜、草卜、卵卜、螺卜、米卜、卦卜测定吉凶。

二、拦路歌

拦路是侗族最高的迎宾礼节、最隆重的迎宾仪式。客人在进入侗寨时，主寨中女孩在寨门前用板凳、纺车等作障碍物把路拦住不准客人进寨，主客双方须对唱拦路歌，若客人唱赢了主人才把障碍物逐一挪开，迎客进寨，若不能对歌则需喝罚酒方得进寨。

三、踩歌堂

踩歌堂是酉阳侗族在节庆活动结束前的一种集体歌舞。宾主手牵手，围成圈，唱着节奏明快的歌，伴着旋律，踏着舞步，绕圈跳动。歌曲一人领唱众人合唱，侗家人称之为"多耶"。踩歌堂象征着侗家人的团结友爱，被称为"东方圆舞曲"。

四、居住

侗族住房一般建于田坝边，依山傍水而居，房多为"杆栏"式木楼，上人下畜。侗人喜欢群居，寨子一般均在50户以上，寨中多建有鼓楼。

五、婚恋

侗人婚恋自由，恋爱时常行歌坐月、以歌传情。有"偷婚"的习俗，即情投意合的青年男女双方先定一时间，通常在晚上，男方到女方家悄悄把女方带回家中，就算是女方已嫁到男方了。三天后再要媒人担着礼品去女方家传信、提亲，待女方家同意亲事后，再择日举办婚礼。婚礼则因地区不同而各异，但拦亲对歌必不可少。娶亲当日，女方舅家表哥表弟在女方家门外路口拉上一条插有草标的绳子进行阻拦，与男方娶亲队对歌，不管谁胜谁负，新娘新郎均会备礼赠送。这是打破"姑表亲、心连心"旧俗后表示对新娘外嫁的一种婉惜与尊重。

六、丧葬

侗人常坦然对待生老病死，有老人的家庭很早就已备有棺材置于房中或禾仓下，老人去世后一般都先放在鼓楼中，择吉日再入土安葬。停放在鼓楼期间，日夜有人守灵，同时演唱侗族大歌送亡魂。葬礼当日，亲朋好友都前来吊唁送行，主人则用米草系着腌鱼来待客。腌鱼是特为老人葬礼而备的，一般都储存了十年甚至几十年。

七、食俗

侗家人喜食酸食，有"吃不离酸、穿不离带"之说。各种蔬菜鱼肉大多腌成酸食，如酸黄瓜、酸萝卜、酸刀豆、酸蕨菜、腌鱼、腌肉等酸味食品。蔬菜、鱼肉除大量酸食外，亦常鲜食。

侗族成年男子，普遍喜爱饮酒，所饮酒类大都是自家酿制的米酒，度数不高，淡而醇香。

大部分侗族地区日食三餐，也有部分地方有日食四餐之习，即两茶两饭。两茶是指侗族民间特有的油茶。油茶是用茶叶、茶油、炒花生（或酥黄豆）、糯米饭，加肉、盐、葱花等为原料，制成的汤状稀食，既能解渴，又能充饥，故常称"吃油茶"。

◆ 知识链接

侗族萨玛节

"萨玛"是侗语译音，"萨"即祖母，"玛"意为大，萨玛可汉译为"大祖母"（又称萨岁），她是整个侗族（特别是南部方言地区）共同的祖先神灵的化身。侗族认为祖先神威巨大，至高无上，能赋予人们力量去战胜敌人、战胜自然、战胜灾害，赢得村寨安乐、五谷丰登、人畜兴旺，因而对之虔诚崇拜，奉为侗族的社稷神。

同时，萨玛又是传说中的古代女英雄，在侗族古代社会的政治、军事、文化等方面占有重要地位。相传早在母系氏族社会，侗族有一位英勇善战的女首领，在抗敌入侵的战斗中百战百胜屡建奇功，不幸在一次战斗中被数十倍于己的敌兵包围，最后壮烈牺牲。人们对她无比崇敬，将她视为能带来平安吉祥的神灵，尊称她为"萨玛"。侗乡有句俗话：侗家萨大，客家（汉族）庙大。在侗族人民的心中，萨玛是他们最大的神。

为了祭祀萨玛，人们在寨子中间的土坪上垒起土堆，作为祭坛和供奉祭祀萨的场所——"然萨"（侗语，"然"是房屋，汉译为"祖母的房屋"，也称萨玛祠、圣母祠）。有的侗寨还建有萨玛祠。清代光绪年间，三宝各村的露天祭坛先后建为"然萨玛"即萨玛屋，颇具意味的是，屋内没有神像，只有神位，神位上竖着一把半张开的大黑伞，伞下垒有一堆石头，那即是萨的象征，象征着侗家人在萨玛英灵的保佑下幸福安康，团结坚强。

年年农历正月、二月都要在"然"举行盛大的祭典，场面庞大而壮观，代代相传，形成了今天的"萨玛节"。

第二节　酉阳布依族民俗

问题导入

布依族由古代僚人演变而来，以农业为主，布依族祖先很早就开始种植水稻，享有"水稻民族"之称。你知道布依族哪些民俗？

一、居住

布依族住地的选择多重于水源，多选择依山傍水、风光秀丽的平坝或丘陵以及在有河流或小溪的地带建房立寨。布依族房屋建筑，从形式看，有全楼、半边楼、半截楼。房子的大小是论柱头来算，有三个头、五个头、七个头、九个头、十一个头和十三个头的，这些都是根据住房的需要和经济状况来定。

二、婚姻

中华人民共和国成立后，法律规定实行一夫一妻制，同宗族、同姓氏不通婚。自由恋爱、自由结婚是布依族的婚姻传统。男女青年自由恋爱也须有媒人说合，征得女方父母同意后方能结婚。自由择偶，男女相悦后，男方请媒人到女方家说合要跑"三回九转"，但这与"父母之命，媒妁之言"的包办婚姻截然不同。这只不过是婚姻过程的一种形式，媒人在其中只起个"转弯"的作用。一般说来，望谟县布依族婚姻要经过请媒、订婚、认亲、拜年、请庚酒、择吉日良辰、结婚等程序。

议一议

酉阳布依族和侗族的婚俗有什么区别？

三、丧葬

布依族的丧葬，既肃穆又繁琐。从寿终到安葬，要经过报丧、沐浴、敬永别酒、移床下席、入殓、堂祭、赞礼、煮倒头饭、绕棺、吃永别饭、点主、奠别、发丧、土葬、安家神等程序。

四、服饰

布依族是一个古老民族，其服饰在漫长的历史长河中，形成了自己独具特色的服饰文化艺术。布依族妇女勤劳智慧，心灵手巧，在经济落后的时代，从种植、纺织到印染制作，都是自力更生，自给自足。布依族的服饰，古朴典雅，简洁端庄。在色彩上，一般外穿青、蓝二色，内衬白色。

男子的服装：一是对襟短衫，多为夏、秋两个季节或劳动时所穿；二是斜扣长衫，多为天气较冷时或走亲访友时的男"礼服"；老年人穿的长衫，多数人喜欢挂腰带。男子头部，多数裹花格头帕。男子下身，穿大裆肥口裤子。

女子服装：一是短衣长袖，拴绣花围腰腰，头裹蜡染青布花帕，帕内盘辫，脚穿大口长裤；二是穿半襟大袖长衣，衣长至膝，袖口裤脚绣花边；三是交通沿线或城镇附近村寨的人服饰已有所改变，穿现代服装了。

五、织布

过去，布依族都是自种棉花，自纺自织，自染自缝，基本上每个村寨都有弹花机、扎棉机，大多数人家户都有蜡染缸、纺织机、织布机等设备。布依族染布用的原料是蓝靛，大都是自种，自己加工，也有到市场购买的蓝靛，蓝靛是一种草本植物，也叫蓼靛。布依族土花布全部用手工操作，工艺精细，图案素雅，造型别致。花型有印条、格子、斜纹、梅花、桂花、兰花等图案，蓝白色调分明，线条均匀，立体感强，具有浓郁的民族特色。

六、工艺

刺绣望谟县布依族称为"刺花"，布依族刺绣的内容十分丰富、绣法多种多样，刺绣题材广泛，它不仅绣在衣裤、布鞋、围腰、手帕、挎包上、还绣在枕套、枕巾、被面乃至桌布、靠垫上。图案大方、生动形象、色泽鲜明、针脚均匀、质感强烈。

银饰布依族自古喜爱银饰，银制品成为人们生活中不可少的装饰品，布依族地区有不少银匠，其技术大都是祖传的，秘不传外。银饰品主要有手钏、幼儿奶头手钏、百家锁、帽饰、银乌龟、银仙桃、发簪、发笄、戒指、背带银饰、环佩、银碗、银筷、银杯等。有些制品镶上彩色的釉，琳琅满目。

七、节日

布依族传统节日主要有：三月三、四月八、六月六、虎节、摘刀节等，春节、端午、七月半、中秋节、元宵节等节日与汉族类似，但过节的内容与形式，自有其民族特色。节日活动内容主要有对唱山歌、耍麒麟、甩糠包、打鸡毛毽、祭祀祖宗等。但凡节日集会，一般都有青年男女社交活动的内容，更增添了节日的情趣和欢乐气氛。

🔍 查一查

酉阳布依族还有哪些民俗是本章中没有介绍的？

第五章
中华民族的基本礼仪

学习目标
- 掌握礼仪的基本知识
- 理解中国是礼仪之邦

第一节　中华民族是礼仪之邦

》问题导入

我们国家一直以来都有礼仪之邦的称谓，可以说是有礼仪之大谓之夏，那么我国的礼仪又是如何发展而来的呢？它又是怎么样影响了我们这么多年的呢？

一、古代礼仪

古老的中华民族在5000年的历史长河中，创造了灿烂的文化，形成了高尚的道德准则、完整的礼仪规范和优秀的传统美德，被世人称为"文明古国，礼仪之邦"。从《礼记》中可以得出这样的结论：整个东亚及东南亚的文化的精华均是传承华夏文明。中国具有5000年文明史，素有"礼仪之邦"之称，中国人也以其彬彬有礼的风貌而著称于世。礼仪文明作为中国传统文化的一个重要组成部分，对中国社会历史发展起了广泛深远的影响，其内容十分丰富，所涉及的范围非常广泛，几乎渗透于古代社会的各个方面。

中国古代的"礼"和"仪"，实际是两项不同的概念。"礼"是制度、规则和一种社会意识观念；"仪"是"礼"的具体表现形式，它是依据"礼"的规定和内容，形成的一套系统而完整的程序。

在中国古代，礼仪是为了适应当时社会需要，从宗族制度、等级制度中衍生出来，因而带有产生它的那个时代的特点及局限性。时至今日，现代的礼仪与古代的礼仪已有很大差别，我们必须摒弃那些为剥削阶级服务的礼仪规范，着重选取对今天仍有积极、普遍意义的传统文明礼仪，如尊老敬贤、仪尚适宜、礼貌待人、容仪有整等，加以改造与传承。

二、尊老敬贤

我国自原始社会到封建社会，人际的政治伦理关系均以氏族、家庭的血缘关系为纽带，故在家庭中遵从祖上，在社会上尊敬长辈。由于中国古代社会推崇礼治和仁政，敬贤已成为一种历史的要求。孟子说："养老尊贤，俊杰在位，则有庆。""庆"

就是赏赐。古代这种传统礼仪，对于形成温情脉脉的人际关系，以及有序和谐的伦理关系，不管过去和现代，都起着重要作用。说到"尊老"，这是中国传统文化中的一大特色。古代的敬老，并不是只停留在思想观念和说教上，也并不仅止于普通百姓的生活之中。从君主、士族到整个官绅阶层，都在身体力行，并且形成一套敬老的规矩和养老的礼制。《礼记》记载："古之道，五十不为甸徒，颁禽隆诸长者。"就是说，50岁以上的老人不必亲往打猎，但在分配猎物时要得到优厚的一份。一些古籍，对同长者说话时的声量，也作了明确的要求。如《养蒙便读》说："侍于亲长，声容易肃，勿因琐事，大声呼叱"。《弟子规》又说："低不闻，却非宜"。关于敬贤，三国时候有个典故，叫"三顾茅庐"。说的是刘备仰慕诸葛亮的才能，要请他帮助自己打天下，便不厌其烦地亲自到诸葛亮居住的草房请他出山。一而再，再而三，诸葛亮才答应。从此，诸葛亮的雄才大略得以充分发挥，为刘备的事业"鞠躬尽瘁，死而后已"。纵观中国古代历史，历来有作为的君主，大多非常重视尊贤用贤，视之为国家安危的决定因素。平时不敬贤，到了紧急关头，贤才就不会为国分忧。不是贤才不为国家着想，而是国家缓贤忘士，如此"而能经其国存者，未曾有也"。

议一议

请同学们自我检查，相互监督，在日常的生活中有没有做到尊老敬贤。

三、仪尚适宜

中华民族素来注重通过适合的形式，表达人们内心丰富的情感。遇到重大节日和发生重要事件，多有约定俗成的仪矩。如获得丰收，要欢歌庆贺；遭到灾祸，要祈求神灵保佑。久而久之，就形成许多节庆及礼仪形式，如春节、元宵、中秋、重阳等，几乎每个节日，都有特定的礼俗。在古代，婚、丧和节庆等活动是作为社会生活中的大事来对待的，其礼仪规定得格外详尽而周密，从服饰、器皿到规格、程序和举止的方位，都有具体的规定。今天，我们要保持和发扬中华民族优秀的礼仪文明，最重要的一点，就是贵在适宜。即如二程所主张："奢自文生，文过则为奢，不足则为俭。"可见，仪式的规模在于得当，适当的文饰是必要的，但文饰过当就会造成奢侈浪费，偏离礼规的要求；而过于吝啬，妨碍到仪式的实行也是不得体的。古人这种见解非常精辟，对我们今天举行各种仪式具有指导作用。在当今的社会活动中，举行各种仪式仍然是不可缺少的。公司开张、儿女婚嫁，各种节庆活动，都有不同的仪式。我们要把握好各种仪式的规模，就必须掌握好适度的原则，要使必要的仪矩同现代文明相结合，相关的活动既隆重其事，又不至于华而不实。我们尤其要反对那种借婚丧庆典之机，大操大办、铺张浪费的现象；反对那种认为仪式越隆重越好，越豪华越合乎礼规的做法。

四、仪表要求

古人对仪表的要求，不免过于繁琐。其中最重要的，有如下三个方面。

（一）衣着容貌

《弟子规》要求："冠必正，纽必结，袜与履，俱紧切。"这些规范，对现代人来说，仍是必要的。帽正纽结，鞋袜紧切，是仪表类观的基本要求。如果一个人衣冠不整，往往会使人产生反感。衣着打扮，必须适合自己的职业、年龄、生理特征、所处的环境和交往的对象，要做到得体大方。浓妆艳抹，矫揉造作，只会适得其反。

（二）行为举止

孔子说："君子不重则不威，学则不固。"这是因为，只有庄重才有威严。否则，即使学习了，也不能巩固。具体说来，要求做到"站如松，坐如钟，行如风，卧如弓"，就是站要正，坐要稳，行动利索，侧身而睡。在公众场合举止不可轻浮，不可亵，应该庄重、谨慎而又从容，做到"非礼勿视，非礼勿听，非礼勿言，非礼勿动"，处处合乎礼仪规范。

（三）言语辞令

语言是人们思想、情操和文化修养的一面镜子。古人所谓"修辞立其诚，所以居业也"。首先，将诚恳地修饰言辞看成是立业的根基，有一定的道理。并且要"言必信，行必果"。巧言令色的人，是不可能取信于人的。其次是慎言。古人说，上天生人，于舌头上下两排牙齿紧密围裹，又在外面包一层厚厚的嘴唇，就是要人们说话一定要谨慎。当然古人并不是要求人们少言语，而是说话要视具体情况，当说则说，当默则默。孔子说："可与言而不与之言，失人；不可与言而与之言，失言。知者不失人，亦不失言。"说的就是这个道理。

🔍 做一做

请同学们对照镜子检查一下自己的仪表是否符合基本要求。

五、送礼

中国具有5000年文明史，素有"文明古国，礼仪之邦"之称，礼尚往来，不是礼"上"往来。礼尚往来，正确理解应该是，礼，尚往来。意识是，所谓礼，崇尚的是往来之道，有来无往，非礼也。逢年过节，走亲访友，商务往来都离不开"礼"字。古代的礼包含礼仪、礼物、礼节，代表爱戴、敬仰，多是用来加深感情、增进友谊。而进入21世纪，礼的内涵又更加丰富了。新时代的礼要具有新颖性、奇特性、工艺性和实用性，礼尚往来是人与人之间的联络感情，加强沟通和交流的一种良好方式。

做一做

请同学们注意观察平时家长在亲戚婚丧嫁娶送礼方面有特别注意的吗？

六、礼仪之邦

礼仪之邦，与儒家主张的"君君臣臣、父父子子"有很大的关系。就是说当国君的要符合当国君的要求与规范，当臣子的要符合当臣子的要求与规范；当国君的要懂得按当国君的道理去做人行事，当臣子的要按当臣子的道理去做人行事。治民先治心、齐民先齐心，"礼义"实则是立国安邦的基础。把"礼仪之邦"译作"state of ceremony"，意即典礼之国，是不对的！礼仪，更多地应该是讲致敬、行礼的仪式：从招手、握手、鞠躬、请安等，到升旗、奏乐、鸣枪、红地毯等。

查一查

请同学们查一查中国礼仪之邦的由来。

第二节　礼仪的基本知识

>> **问题导入**

"礼尚往来，往而不来，非礼也；来而不往，亦非礼也。"

——西汉·戴圣《礼记·曲礼上》

礼节贵乎有来有往。只有往而无来或其有来而无往，都是不外乎礼数的。在国家与国家，团体与团体，人与人，朋友与朋友的交往中，礼节上很重视有来有往，互相都应采取同样的态度和礼仪规格，习惯上称之为"礼尚往来"。你们知道与礼仪相关的哪些知识？

一、礼仪的定义

礼仪是在人际交往中，以一定的约定俗成的程序方式来表现的律己敬人的过程，涉及穿着、交往、沟通、情商等方面的内容。礼仪是我们在生活中不可缺少的一种能力。

从个人修养的角度来看，礼仪可以说是一个人内在修养和素质的外在表现。

从交际的角度来说，礼仪可以说是人际交往中适用的一种艺术、一种交际方式或交际方法，是人际交往中约定俗成的示人以尊重、友好的习惯做法。

从传播的角度来看，礼仪可以说是在人际交往中进行相互沟通的技巧。可以大致分为政务礼仪、商务礼仪、服务礼仪、社交礼仪、涉外礼仪、外交礼仪六大方面。

礼仪是一门学问，有特定的要求。在家庭、学校和各类公共场所，礼仪无处不在。就个人而言，表现在举止文明、动作优雅、姿态潇洒、手势得当、表情自然、仪表端庄等。

🔍 **做一做**

说说你认为什么是礼仪？

二、礼仪的基本概念

（一）礼节和仪式

这是传统的解释，"礼"字和"仪"字指的都是尊敬的方式，"礼"，多指个人性的，像鞠躬，欠身等，就是礼节；"仪"，则多指集体性的，像开幕式，阅兵式等，就是仪式。

（二）人们约定俗成，表示尊重的各种方式

这是现代通俗而简洁的解释，这里的方式分行动型和非行动性，像鞠躬，给老人让座等，就是行动型的，也就是尊重的形式，这需要行动才有效果；而像庄严场合不嬉笑，别人睡觉不吵闹等，就是非行动型的，也就是行为规范，它不需要行动就有效果。

（三）礼仪也是人们生活中很需要的一部分

礼仪就是人类（大部分是中华民族）在日常交际中总结出来最不会伤人的话，虽说是不伤人，但是在网络上，有一些人不太喜欢这些客套话。礼仪既是对他人尊重的体现，也是对自己有好处的事。

◆ 知识链接

中国的传统礼仪有："九宾之礼""跪拜礼""揖让礼""袒臂礼""虚左礼"。

三、礼仪的主要作用

（一）尊重的作用

即向对方表示敬意，同时对方也还之以礼。礼尚往来，蕴含着彼此的尊敬。

（二）教化的作用

礼仪通过评价、劝阻、示范等教育形式纠正人们不正确的行为习惯，倡导人们按礼仪规范的要求协调人际关系，维护社会正常生活。

（三）美化的作用

良好的形象离不开美，礼仪带给人们正是形象的美化。通过仪表规范、言辞谈吐、行为方式中的礼貌、礼节展示独特的个性、内在的修养和发展潜质。

（四）调节的作用

在社会交往时出现了不和谐或者需要作出新的调整的人际关系，往往需要借助某些礼仪活动去化解矛盾，调整关系。

❖ 知识链接

时至今日，现代的礼仪与古代的礼仪已有很大差别，我们必须舍弃那些为剥削阶级服务的礼仪规范，着重选取对今天仍有积极、普遍意义的传统文明礼仪，如尊老敬贤、仪尚适宜、礼貌待人、容仪有整等，加以改造与承传。这对于修养良好个人素质，协调和谐人际关系，塑造文明的社会风气，具有现代价值。

四、礼仪的原则

（一）宽容的原则

人们在交际活动中运用礼仪时，要严于律己，更要宽以待人。宽容就是说要豁达大度，有气量，不计较和不追究。具体表现为一种胸襟，一种容纳意识和自控能力。

（二）敬人的原则

人们在社会交往中，要敬人之心常存，处处不可失敬于人，不可伤害他人的个人尊严，更不能侮辱对方的人格。敬人就是尊敬他人，包括尊敬自己，维护个人乃至组织的形象。不可损人利己，这也是人的品格问题。

（三）自律的原则

这是礼仪的基础和出发点。学习、应用礼仪，最重要的就是要自我要求，自我约束，自我对照，自我反省，自我检查。自律就是自我约束，按照礼仪规范严格要求自己，知道自己该做什么，不该做什么。

（四）遵守的原则

在交际应酬中，每一位参与者都必须自觉、自愿地遵守礼仪，用礼仪去规范自己在交往活动中的言行举止。遵守的原则就是对行为主体提出的基本要求，更是人格素质的基本体现。遵守礼仪规范，才能赢得他人的尊重，确保交际活动达到预期的目标。

（五）适度的原则

应用礼仪时要注意把握分寸，认真得体。适度就是把握分寸。礼仪是一种程序规定，而程序自身就是一种"度"。礼仪无论是表示尊敬还是热情都有一个"度"的问题，没有"度"，施礼就可能进入误区。

（六）真诚的原则

运用礼仪时，务必诚信无欺，言行一致，表里如一。真诚就是在交际过程中做到诚实守信，不虚伪、不做作。交际活动作为人与人之间信息传递、情感交流、思想沟通的过程，如果缺乏真诚则不可能达到目的，更无法保证交际效果。

（七）从俗的原则

由于国情、民族、文化背景的不同，必须坚持入乡随俗，与绝大多数人的习惯做法保持一致，切勿目中无人，自以为是。从俗就是指交往各方都应尊重相互之间的风俗、习惯，了解并尊重各自的禁忌，如果不注意禁忌，就会在交际中引起障碍和麻烦。

（八）平等的原则

平等是礼仪的核心，即尊重交往对象，以礼相待，对任何交往对象都必须一视同仁，给予同等程度的礼遇。礼仪是在平等的基础上形成的，是一种平等的、彼此之间的相互对待关系的体现，其核心问题是尊重以及满足相互之间获得尊重的需求。在交际活动中既要遵守平等的原则，同时也要善于理解具体条件下对方的一些行为，不应过多地挑剔对方的行为。

五、礼仪的特征

（一）规范性

礼仪既有内在的道德准则，又有外在的行为尺度，对人们的言行举止和社会交往具有普遍的规范、约束作用。遵循礼仪规范，就会得到社会认可和嘉许；违反礼仪规范，就会到处碰壁招致反感、受到批评。正所谓有"礼"走遍天下，无"礼"寸步难行。

（二）操作性

礼仪规范以人为本，重在实践，人人可学，习之易行，行之有效。"礼者，敬人也。"待人的敬意，应当怎样表现，不应当怎么样表现，礼仪都有切实可行、行之有效的具体操作方法。

（三）差异性

礼仪规范约定俗成，不同国家、不同地区，由于民族特点、文化传统、宗教信仰、生活习惯不同，往往有着不同的礼仪规范，"十里不同风，百里不同俗。"这就需要增加了解，尊重差异，不可唯我独尊，我行我素。

（四）时代性

礼仪一旦形成，则具有世代相传、共同实践的特点。但是礼仪并非一成不变，而是随着时代发展变化而吐故纳新，随着内外交往日益频繁而互相借鉴吸收。

查一查

礼仪的基本要素有哪些？

第三节 个人礼仪

> **问题导入**

在人际交往中有很多值得注意的地方,同学们可以举例说说吗?

一、介绍

(一) 自我介绍

欲结识对方,无人引荐,就要进行自我介绍。介绍应简明扼要。

通常有五种形式:

(1) 应酬式:你好,我是×××。

(2) 工作式:你好,我叫×××,是××县××局××科的科长。

(3) 交流式:你好,我叫×××,在××县××局上班;早闻你的大名,希望我们能成为朋友。

(4) 正规场合的介绍:姓名+职务+谦辞(敬辞)。

(5) 问答式:有问必答。

(二) 介绍他人

一般由聚会主办人、主持人介绍。右手手掌向上,指向被介绍人。

尊者优先原则:将男士介绍给女士,将年轻的介绍给年长的,将职位低的介绍给职位高的,将未婚的介绍给已婚的,将晚到的介绍给早来的。

被介绍的男士应该起立,女士可免。

> **练一练**

练习自我介绍和练习介绍他人。可在课堂上相互演示,其他同学也可以相互对照,观察是否正确。

二、握手

1. 握手礼

行握手礼时,通常距离受礼者约一步,两足立正,上身稍向前倾,伸出右手,手掌垂直于地面，四指并齐，拇指张开与对方相握，微微抖动3~4次（时间以3秒左右为宜），然后松开手，恢复原状。

讲究次序：尊者居前；女士先，男士后；长辈先，晚辈后；上级先，下级后。

2. 握手力度

跟上级或长辈握手，只需伸手过去擎着，不要过于用力。跟下级或晚辈握手，要热情地把手伸过去，时间不要太短，用力不要太轻。

异性握手，女方伸出手后，男方应视双方的熟悉程度回握，但不可用力，一般只象征性地轻轻一握（一般握女大全手指部位）。

练一练

相邻位置的同学之间，相互练习握手。

三、交换名片

使用场合：介绍时、拜访时、祝贺时、答谢时、挽悼时等。

位卑者先递名片。

动作要求：

（1）起立；

（2）双手；

（3）文字正面朝对方；

（4）认真看；

（5）细心收藏。

四、致意

在公共场合遇到相识的朋友，但距离比较远时，应举起右手打招呼、点头致意或脱帽致意。

在公共场合遇到身份高的领导人，应该点头致意，但不可主动上前握手。遇到身份高的熟人，不可打断对方的应酬活动，要待对方活动结束后方可打招呼。

五、拜访

基本原则：

事先约定，按时到达，时间宜短不宜长；

室内无人或未经允许，不得擅自入内；

避免深夜或凌晨拜访，特殊情况应说明原因；

勿触摸主人物品，私人空间非请莫入；

进入主人房间必须脱帽；

问候主人家庭成员，并与之告别。

六、仪表

仪表，是指一个人的外表。它是一个人总体形象的统称，除容貌、发型之外，还包括人的服饰、身体、姿态等。

总体要求：

举止得体，容貌大方；

端庄稳重，不卑不亢；

态度和蔼，待人诚恳；

服饰庄重，整洁挺括；

打扮入时，素抹淡妆；

训练有素，言行恰当。

议一议

同学们讨论一下，学生的穿着打扮怎样才是最得体的。

七、着装

1. 基本要求

着装原则：一看时间，二看地点，三看场合。国际上也称"TPO"原则，是英文"Time""Place"和"Object"三个单词的缩写，是国际通行的着装原则。时间既指每一天的早、中、晚三个时段，也包括春夏秋冬的季节更替，以及人生的不同年龄阶段。在不同时间，要求着装入时，做到随"时"更衣。地方、场所、位置不同，着装应有所区别；特定的环境应配以与之相适应、相协调的服饰。不同的场合有不同的服饰要求，只有与特定场合的气氛相一致、相融洽的服饰，才能产生和谐的审美效果，从而实现人景相融的最佳效应。

2. 色彩

色彩具有某种社会象征性，许多色彩象征着某种性格、情感、追求等。服饰色彩搭配的基本方法，一般包括同色搭配法、相似搭配法和主辅搭配法等。服饰色彩应该与一个人的身材、形体、肤色等协调一致。

3. 男子如何穿着西装

（1）三色原则（全身着装不超过三种颜色）。

（2）三一定律（鞋子、腰带、公文包一色）。

（3）三大禁忌：

①西装左袖的商标没有拆；

②穿白色袜子、尼龙袜子出现在正式场合；

③领带的打法出现错误。

4. 男子如何穿衬衣

（1）面料：应为高级精纺的纯棉、纯毛面料，或以棉、毛为主要成分的混纺衬衫。

（2）颜色：必须为单一色，白色为首选。

（3）图案：以无图案为最佳。

（4）领型：以方领为宜。

（5）衣袖：正装衬衫应为长袖。

（6）穿衬衣的讲究：

①衣扣：衬衫的第一粒纽扣，穿西装打领带时一定要系好；

②袖长：衬衫的袖口一般以露出西装袖口以外1.5厘米为宜；

③下摆：衬衫的下摆不可过长，而且下摆要塞到裤子里；

④不穿西装外套只穿衬衫打领带仅限室内，而且正式场合不允许。

5. 男子如何打领带

（1）注意场合：打领带意味着郑重其事。

（2）注意服装配套：西装套装非打不可，夹克等则一般不打。

（3）注意性别：男性专用，女性一般不用，除非制服和着装用。

（4）长度：领带的长度以（大箭头）自然下垂至皮带扣处为宜。

（5）领带夹：一定要用高质量的，注意夹的部位。

（6）结法：端正，外观呈倒三角形。

6. 男子如何穿西裤

（1）西装讲究线条美，所以西裤必须要有中折线。

（2）西裤长度以前面能盖住脚背，后边能遮住1厘米以上的鞋帮为宜，不能随意将裤裤管挽起来。

（3）穿整套西装一定要穿皮鞋。在正式场合，一般穿黑色或咖啡色皮鞋较为正规。

（4）穿整套西装一定要穿与西裤、皮鞋颜色相同或较深的袜子，一般为黑色、深蓝色或藏青色。

7. 女子西装套裙

（1）面料：女子套裙面料选择的余地要比男子西装大，宜选纯天然质地且质量上乘的面料。上衣、裙子、背心要求同一面料。

（2）颜色：以冷色调为主，以体现着装者典雅、端庄、稳重的气质，颜色要求清新、雅气而凝重，忌鲜艳色、流行色。

（3）图案：讲究朴素简洁，以无图案最佳，或选格子、圆点、条纹等图案。

（4）点缀：不宜添加过多点缀，以免琐碎、杂乱、低俗、小气，有失稳重。

（5）尺寸：包括长短和宽窄两方面。目前，女子裙子一般有三种形式：及膝式、过膝式、超短式（白领女性超短裙裙长应不短于膝盖以上15厘米）。

8. 女子怎样穿西装套裙

（1）大小适度：上衣最短齐腰，裙子可达小腿中部，袖长刚好盖住手腕，整体不过于肥大或紧身。

（2）穿着到位：衣扣要全部扣好，不允许随便脱掉上衣。

（3）考虑场合：商务场合宜穿，宴会、休闲等场合不宜。

（4）协调妆饰：高层次的穿着打扮，讲究着装、化妆和配饰风格的统一。

（5）兼顾言谈举止。

9. 女子套裙的搭配

（1）衬衫：面料轻薄柔软，颜色雅致端庄，无图案，款式得体。

（2）内衣、衬裙：不外露、不外透、颜色一致、外深内浅。

（3）鞋袜：黑色牛皮为首选，或与套裙颜色一致。袜子应为单色，肉色为首选。

10. 职业女性裙装"五不雅"

（1）黑色皮裙不能穿。

（2）正式、高级场合不光腿，尤其是隆重正式的庆典仪式。

（3）袜子不能出现残破。

（4）不准鞋袜不配套。

（5）不能出现"三截腿"（三截腿是指女士在穿半截裙子的时候，穿半截袜子，袜子和裙子中间露一段腿，结果导致裙子一截，袜子一节，腿一截。这种穿法容易使腿显得又粗又短，俗称"恶性分割"，在国外往往被视为没有教养的妇女的特征）。

11. 穿制服的基本要求

（1）在工作岗位上要穿制服。

（2）穿制服要佩戴工号牌。

（3）制服要整齐合身。

（4）制服应注意整洁。

（5）鞋袜须合适。

12. 职场着装禁忌

过分杂乱；过分鲜艳；过分暴露；过分透视；过分短小；过分紧身。

13. 仪容

仪容指一个人的容貌，包括五官和适当的发型衬托等。就个人的整体形象而言，容貌是整个仪表的关键。它反映着一个人的精神面貌、朝气和活力，是传达给接触对象最直接、最生动的第一信息。

（1）发式：头发整洁，无异味；发型大方，得体；不染发。

（2）面部：男子胡须要剃净，鼻毛应剪短，不留胡须；女子可适当化妆，但应以浅妆、淡妆为宜，不能浓妆艳抹，并避免使用气味浓烈的化妆品。

（3）指甲：不能留长指甲，指甲的长度不应超过手指指尖；要保持指甲的清洁，指甲缝中不能留有污垢；不要涂有色的指甲油。

（4）鼻子和体毛：鼻毛不能过长，体毛必须修整，又黑又粗的体毛，需要掩饰。

14. 化妆

总的原则：淡妆上岗、"扬长避短"。

要使化妆符合审美原则，应注意以下几点：

（1）讲究色彩的合理搭配。

（2）依据自己的脸型合理调配。

（3）强调自然美。

"修饰避人"的原则：即不在公共场合化妆和补妆；不以残妆示人。

15. 仪态

仪态，是指一个人的举止、姿态和风度。姿态是指一个人的整个身体显现出来的样子，如站立、行走、弓身、就座、眼神、手势、面部表情等。而风度则是一个人内在气质的外在表现。

（1）站姿。

①头正。两眼平视前方，嘴微闭，收颔梗颈，表情自然，稍带微笑。

②肩平。两肩平正，微微放松，稍向后下沉。

③臂垂。两肩平正，两臂自然下垂，中指对准裤缝。

④躯挺。胸部挺起、腹部往里收，腰部正直，臀部向内向上收紧。

⑤腿并。两腿立直，贴紧，脚跟靠拢，两脚夹角成60°。

⑥站姿禁忌：

东倒西歪；耸肩勾背；双手乱放；脚位不当；做小动作。

（2）坐姿。

①标准坐姿：上身正直上挺，双肩平正，两手放在两腿或扶手上，双膝并拢，小腿垂直落在地面，两脚自然分开成45°。

②坐姿手臂位置的摆放：

双手各自放在一条大腿上；

双手叠放；

双手相握侧身与人交谈时，宜将双手置自己所侧一方的那条大腿上，双手叠放或双手相握。

（3）走姿。

①上身挺直，双肩平稳，目光平视，下颔微收，面带微笑。

②挺胸、收腹，身体略微上提。

③手臂伸直放松，手指自然弯曲，双臂自然摆动。

④步幅不要太大。

⑤女士行走时，走直线交叉步，上身不要晃动，尽量保持双肩平行。

⑥走姿禁忌：

双手不可乱放；

切忌身体摇摆；

目光不可乱扫；

脚步拖泥带水；

有事上蹿下跳；

不顾同行位置；

走路慌慌张张。

练一练

在授课时，练习坐姿、站姿、走姿，强调一下动作的标准。

16. 界域礼仪

所谓"界域"，即交往中相互距离的确定。它主要受双方关系的决定和制约，同时也受交往内容、环境以及不同文化、心理特征、性别差异等因素的影响。

人际交往中的一般"界域"：

（1）亲密距离（人际交往中的"禁忌距离"）：距离在15厘米之内或15~46厘米，是人际交往的最小距离。

（2）个人距离：其距离近段在46~76厘米，适合握手、相互交谈，其远段在0.76~1.2米，适用于普通的公开社交场合。

（3）社交距离：主要适用于礼节性或社交性的正式交往。其近段为1.2~2.1米，多用于商务洽谈、接见来访或同事交谈等。

（4）公众距离：近段在3.6~7.6米，远段则在7.6米以外，它适用于作报告、演讲等场合。

17. 工作"界域"

（1）服务距离：即工作人员与服务对象之间所保持的一种常规距离，以0.5~1.5米为宜。

（2）展示距离：即在他人面前进行操作示范，以便使客人对服务项目有更直观、更充分、更细致的了解。展示距离以1~3米为宜。

（3）引导距离：是为客人带路时彼此间的距离。根据惯例，在引导时，引导者行进在客人左前方1.5米左右为宜。

（4）待命距离：特指等待上级吩咐，自己为之提供服务时，与对方自觉保持的距离。

18. 眼神与目光

与人交谈时,目光应该注视对方。但应使目光局限于上至对方额头,下至对方衬衣的第二粒纽扣,左右至两肩的方框中。

注视角度:正视对方、平视对方、仰视对方。

注视时间:应当占总交谈时间的三分之一。

第四节 公务礼仪

>> 问题导入

同学们毕业后会步入社会,与我们的客人、领导、同事等接洽,应该注意一些什么问题呢?

一、什么是公务礼仪?

公务礼仪,又称政务礼仪,是国家公务员在从事公务活动、执行国家公务时所必须遵守的礼仪规范。

公务礼仪具有鲜明的强制性特点,它要求公务员在执行国家公务时必须严格遵守。同时还要求公务员自觉地恪守职责,勤于政务,廉洁奉公,忠于国家,忠于人民,严格要求自己,规范自己在公务活动中的行为。

公务礼仪适用于从事公务活动、执行国家公务的所有公务员。

二、公务礼仪的作用

公务礼仪,是对国家公务员行为标准化、基本化、规范化的要求。其关键在于"尊重、沟通、规范、互动"。

主要作用有:

(1)有利于公务员树立以民为本,为民服务的"服务意识"。

(2)有利于提高公务员的个人修养与整体素质。

(3)有利于进一步规范和改善行政、执法行为,协调干群关系。

(4)有利于提高行政机关的工作效率,维护国家行政机关的形象和公务员形象。

三、公务礼仪的基本要求

"SERVICE"——全方位、高标准的服务要求

"S"——Smile(微笑)

"E"——Excellent(出色)

"R"——Ready(准备)

"V"——Viewing（看待）

"I"——Inviting（邀请）

"C"——Creating（创造）

"E"——Eye（眼光）

四、一般接待礼仪

1. 接待的含义和原则

接待是指个人或单位以主人的身份招待有关人员，以达到某种目的的社会交往方式。接待和拜访一样，同样可以起到增进了解、提高工作效率、交流感情、沟通信息的作用，同样是个人和单位经常运用的社会交往方式。

无论是单位还是个人，在接待来访者时，都希望客人能够乘兴而来，满意而归。为达到这一目的，在接待过程中就一定要遵循平等、热情、礼貌、友善的原则。

2. 接待的类别

（1）公务接待。是为完成上下级之间、平行机关之间的公务活动而进行的接待。

（2）商务接待。是针对一定的商务目的而进行的接待活动。

（3）上访接待。是指政府部门对上访群众的接待。

（4）朋友接待。是指朋友之间为增进友谊、加强联系而进行的接待。

3. 接待规格

接待规格，指的是接待工作的具体标准。它不仅事关接待工作的档次，而且还体现了对来宾的重视程度。

确定接待规格要把握三点：

一是接待费用的多少；

二是要根据所接待的主要人员的身份来确定级别；

三是接待规模的大小。

4. 接待规格的类别

（1）对等接待。是指陪同人员与客人的职务、级别等身份大体相当。

（2）高规格接待。是指陪客比来客职务较高，这需有关负责人直接出面。

（3）低规格接待。是指陪客比来客职务较低。在这种接待中要特别注意热情、礼貌，而且要审慎用之。

5. 确定接待规格的基本方法

（1）参照国家的明文规定。

（2）参照常规做法。

（3）采取目前通行的方式。

（4）对等的做法。

（5）学习其他成功经验。

无论采用何种接待规格，在操作中都要注意以下因素：

（1）确定主宾身份（年龄、习俗、宗教、政治倾向等）。

（2）确认菜单：最好请客人确定，避免犯忌。在正式宴会时最好置菜单于客人面前。

五、礼宾次序

1. 礼宾次序的类别

一类是指在明确区分参与者高低、上下、长幼等关系的次序；目的是给高者、上者、长者以尊重和礼遇，表现主人的谦谦风度。另一类是为了显示所有参与者在权利地位上的一律平等。具体按哪一类次序排定，应根据实际情况酌定。有些公关活动，如一些庆典、纪念等活动，主席台座次，行走、坐车等，都必须按照地位的高低、职位的上下、关系的亲疏、年龄的长幼，以及实力的强弱来排列。

2. 关系对等的排序

如果礼仪活动的双方或多方的关系是对等的，则可参考以下几种方法排序：

（1）按汉字笔画由少到多排列。如果是国内的礼仪活动，参与者的姓名或所在单位名称是汉字的，可以采用这种方法，以示各方的关系平等。

（2）按英文字母顺序排列。这种方法在涉外活动中比较常用。具体方法是先按第一个字母排列；当第一个字母相同时，则依第二个字母的先后顺序排列；当第二个字母相同时，则依第三个字母的先后顺序排列，以此类推。

（3）按先来后到顺序排列（非正式交往场合、各种例会、招商会、展示会等），还可以不排序。

六、座次

就前后排关系而言，前排为尊、为大、为高、为强，第二排次之，第三排更次，以此类推；就同一排关系而言，中者为尊、为大，两侧次之；就两侧同位者而言，右者为大、为长、为尊，左者为小、为次、为偏。

在公务礼仪中，中国的习惯是以左为上，国际惯例是以右为上。在主次位置排列上，我们国家大多沿用国际惯例，在照相和主席台排位时有时也用中国习惯操作。

七、走路、入座

分情况而定：

两人并行，右者为大；

两人前后行，前者为尊；

三人并行，中者为尊，右边次之，左边更次；

三人前后行，前者为尊；

三人并坐，中者为大，右边次之，左边更次；

室内围坐时，面对门口的中间位置为尊；

上楼梯时，前者为尊；

下楼梯时，特别是楼梯较陡时，尊者在一人之后。

八、乘车

就乘小轿车而言，如由驾驶员开车，按汽车前进方向，后排右座为尊位，中座次之，左侧更次，前排司机旁最次。司机旁的位置一般是助手、接待或陪同人员坐的。

当轿车有三排座时，最后一排是上座，中间一座次之，前排最次。

如果是主人亲自驾车，则主人旁边的位置是尊位。

九、迎客

"出迎三步，送客七步"，这是我国迎送客人的传统礼仪。

客人在约定的时间到达，主人应提前迎接。

如果是在家中接待朋友，最好是夫妇一同出门迎接客人。

见到客人，主人应热情打招呼，主动伸手相握，以示欢迎。同时要说："您好""您一路辛苦了""欢迎光临"等寒暄语。

如客人提有重物，主人应主动接过来，但不要去拿客人的手提包或公文包等。

十、送客

无论接待什么客人，当客人准备告辞时，一般应婉言相留。这虽是客套辞令，但也必不可少。

客人告辞时，要在客人起身后再起身。

如果是在家里接待客人，最好叫家中成员一起送客出门。

分手时应充满热情地表达送客语："慢走""走好""再见""欢迎再来""常联系"等。

可将客人送至车站、码头、机场等大厅。应在客人的身影完全消失后再返回。否则当客人走完一段路再回头致意时，发现主人已经不在，心里会有些不是滋味。

另外在家里或办公室送客时，送毕返身进屋后，应将房门轻轻关上，不要使其发出声响。

到车站、码头或机场送客时，不要表现得心神不宁，以使客人误解在催他赶快离开。送客到机场，最好等客人通过安检后再返回。因为也许有些物品不让带上飞机，正需要你保管。

如果客人比较坚决地谢绝主人相送，则可遵从客人意思，不必强行送客。

十一、引导

如果接待两位贵宾，主人或接待人员应先拉开后排右边的车门，让尊者先上；再迅速地从车的尾部绕到车的另一侧打开左边的车门，让另一位客人从左边上车；只开一侧车门让一人先钻进去的做法是失礼的。

如果陪客人、外宾参观访问，应提前10分钟到达；参观过程中，陪同人员应走在宾客的右前方，并超前两三步，时时注意引导，遇进出门户、拐弯或上下楼梯时，应伸手示意；当参观结束后，应将客人送至宾馆，然后告别。

在接待中，有可能要给对方指示方向或引导就座位置，规范而优美的引导姿势就很重要了。

正确做法是：掌心向上，四指并拢，大拇指张开，以肘关节为轴，前臂自然上抬伸直。上体稍向前倾，面带微笑，自己的眼睛看着目标方向并兼顾对方是否意会到目标。

十二、位置

位置礼仪，是指交往双方通过一定的空间位置所产生的情感意义（如图5-1所示）。

友好位：夫妻间或朋友间使用，与员工谈心等。

社交位：与客户交谈，向领导汇报工作等。

竞争位：正式交谈，谈判用，慎用。

公共位：彼此独立，不受干扰，公共场所用。

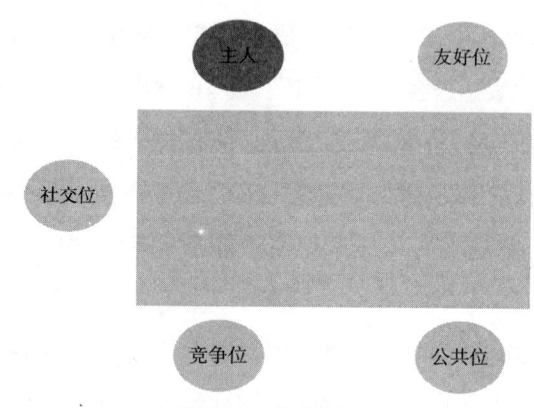

图5-1　位置礼仪

请大家千万记住：

对长辈有礼是本分；

对平辈有礼是和善；

对晚辈有礼是高贵；

对所有人有礼是一种安全。

微笑是通行证；

穿着是许可证；

举止是身份证。

第六章
酉阳土家族礼仪

土家族是一个讲究礼仪之风的民族,在社交活动与家庭生活中,特别重情尚义,讲究礼尚往来和文明礼行。土家族这种古朴淳厚的礼仪之风,不但充分表现了中华民族举世闻名的礼仪之邦风范,而且还世代相传,不断被发扬光大,具有丰富的人文价值。深入地研究这一问题,对弘扬中华民族以及土家族的优良道德传统,以及今天公民"明礼诚信"等道德建设无疑具有重要的人文和实践意义。

学习目标

- 了解酉阳土家族的交往礼仪
- 能够复述出酉阳土家族主要的礼仪和交往中的忌讳

第一节　诞生礼

> 问题导入

新生命的诞生代表着家族和民族的延续，那么注重仪式的土家族人会怎么迎接新生命的到来？

诞生礼，是人生的开端礼。土家族的诞生礼，既是在祝福新生命的同时，对民族开天辟地、发祥繁衍的历史进行回顾和纪念，又充分体现了积极向上的人生观。

祝米酒

在酉阳民间，女人生头胎孩子一定要办"祝米酒"。孩子出生后，尤其是第一胎，女婿要立即带"报喜鸡"去丈母娘家报喜。生男孩带公鸡，生女孩带母鸡，丈母娘见鸡便知闺女生的是男是女。丈母娘接到报喜后，便忙着筹办婴儿所用的衣被和产妇所需的物品，在孩子满月那天，组织人力挑着一应礼品前去赴"祝米酒"。

办"祝米酒"那天，男女双方亲朋好友都要前去祝贺。而女方家亲友多为女性，由丈母娘领队浩浩荡荡前往女婿家祝贺。其贺礼为婴儿和产妇所需的物品，如摇窝、被盖、毯子、衣物、虎头帽、虎头鞋以及鸡蛋、面条、甜酒等。一般都得挑几担谷米，上面放着打有红印的鸡蛋。进门时，男方每接一个担子就要燃放一封鞭炮，并由女婿给丈母娘叩头谢恩。

丈母娘见到外孙，要亲手给外孙穿戴一新，还要送红包，说吉利话。入席时，丈母娘坐首席，女方其他亲属依次入座。晚上要举行娱乐庆祝活动，即婴儿的外祖母和奶奶编成祝福婴儿的词句对唱，有时还边舞边唱，惹得看热闹的人满堂喝彩。

次日，女方亲戚回去，女婿要按收礼挑子的数目回赠礼物，还要给媒人送谢媒礼。在噼噼啪啪的鞭炮声中，祝米酒的庆典结束，出生婴儿才算正式走上人生之旅。

第二节 婚礼和成年簪冠礼

》问题导入

土家族人的婚礼从订婚到礼成,也是非常讲究的,那么有些什么过程呢?应该注意一些什么呢?

一、讨庚

讨庚,旧时酉阳民间的婚俗。改土归流前,酉阳民间的婚姻,一般是用盘歌、吹木叶等自由恋爱方式,男女青年诚挚相爱后,由土老司作证就可成亲,不索取任何彩礼和钱财。清雍正十三年(1735年)改土归流后,跟全国其他地方一样,酉阳民间实行包办婚姻,男婚女嫁全凭父母之命、媒妁之言,而且喜开姑表亲,有"姑家女,伸手取;舅家要,隔河叫"的说法,也有个别开姨表亲和"扁担亲"的。

实行包办婚姻的一个重要程序是"讨庚"。男方请媒人到女家去求婚,媒人自备一把伞,有花好月圆的寓意,然后在男方那里拿一块三斤左右的条方(猪肉)到女方家求亲。女方家收下作为求婚的礼物时,便有了八成希望。但女方家同不同意,第一次决不开口下结论,有试男方诚意如何之意,媒人往返达三次后,则允诺婚事。女方同意男方求亲后,男方就要写好庚书,准备酒、肉、衣服等礼物,送到女方家"讨庚"。庚书用红纸,写上男方生辰八字,女方家要请八字先生算男女八字是否相克,如八字相服便同意开亲,把姑娘的生辰年月填写在庚书上,由媒婆转交给男方家。

讨庚仪式十分严肃庄重,男方家要选好佳期备好礼物,由媒婆带去女方家,在堂屋香龛前摆上礼品,燃香化纸祷告先人,然后在庚书上填写姑娘名字及年庚生辰,这门亲事就正式确定了。

二、订婚

旧时酉阳民间,当男女双方确定婚姻关系后,男方便请先生根据双方生辰八字选定如期,置办彩礼举行订婚仪式。订婚仪式如同去民政部门登记领取结婚证一样,具有不可轻易反悔的效力。以此表示对婚姻的尊重和谨慎,故结婚之前都要先经过订婚这个仪式。

订婚时，由男女双方家长、男女订婚人、媒婆（介绍人）及亲友代表，于约定日期在女方家举行订婚典礼。男女婚人相互交换信物，如有需要，可订立订婚证书一式两份，订婚后需分发喜糖给至亲好友。

订婚时，男方需准备彩礼礼送给女方。彩礼除一定数额的现金外，还有为女方备的衣服、鞋子、袜子、项链、手镯、戒指、耳环等物，各项物品皆取偶数。要送上一到两头肥猪，以供女方婚宴之用。礼品可分礼盒、礼饼以及其他各式糖果糕点，各样都取偶数。礼盒之数量，事先通过媒人与女方议妥，若男女双方住所相距较远，亦可经双方同意折合现金，由女方代办。订婚宴席通常由女方请客，而男方出席人数包括男订婚人在内取偶数出席，并送女方"谢宴礼""厨师礼""服务礼""盥洗礼""携仪礼（伴娘）""化妆礼"等礼钱。

婚期已定，女方家就忙于置办嫁妆。从铧口驾担到搭斗风车，从米柜衣橱到铺笼帐被，甚至连马桶之类都一应备齐。所以，旧时民间嫁女和娶媳一样，都不容易。

三、成年簪冠礼

🔍 **想一想**

为什么土家族人的成年礼和婚礼同时进行，这意味着什么？

婚期到后，男、女双方即举行非常隆重的冠礼和婚礼，新娘则要按出嫁礼仪进行哭嫁。

成年簪冠礼和婚礼，土家族是将其一并举行的，并且最为隆重。男冠礼和女冠礼都是在结婚前一天举行。

土家族的婚礼和成年簪冠礼，标志着土家族是一个具有高度的民族自觉意识以及社会责任感的民族。

土家族的婚礼与成年簪冠礼是一并举行的，实际上表明这是土家族青年男女走向成年的一个标志，即走完了自己的孩提时代，意味着"人生的第二次断奶"，因此，要肩负起社会责任和家庭责任，要有个体的自觉意识。首先，土家族的婚礼和成年簪冠礼有严格的礼仪程序，通过这种严格礼仪程序的锻炼，从而给土家族青年男女上了人生的第一课。结婚后，新娘要离开父母，告别家乡，要开始独立的人生旅行，要创造性地设计自己的未来。在土家族中,男孩结婚后,也往往要与父母分家过日子,"树要分丫,儿要分家","树不分不长,家不分不发"。这对于长期依赖父母的年轻人来说,无疑是一个痛苦而又必需的过程。

然而,正是在这个过程中,土家族青年男女将学会自立自强,学会承担责任,变得成熟起来。青年男女的责任,从宏观上看是社会责任,要为国家为社会做出贡献;从微观上看是家庭责任,要使自己的家庭幸福美满。经过婚礼和成年簪冠礼,土家族青年男女就会自觉地承担起这些社会责任和家庭责任。其次,土家族的成年簪冠礼是用"陪十兄弟"和"陪十姊妹"的方法集体举行的,因此,既可以增强新郎、新娘个体自我意识中的自尊心和自信心,也可以教育其他未婚的土家族青年男女。

自尊心是民族自我意识的重要组成部分,讲自尊心就要尊重自身的人格、荣誉,不容别人歧视侮辱,维护自尊是一种自我情感体验。一个人如果缺乏自尊心,则其他任何评价都起不了作用;有了自尊心,这个人就不会依附于其他人,就会自立自强。自信心也是民族自我意识的重要组成部分,自信心是一个人成长中不可缺少的重要心理素质,一个人如果自卑,看不到自己的力量,久而久之就会形成一种固定的自卑心理定势,这对于民族的发展和个体的成长无疑会带来很多消极的影响。土家族青年男女通过集体性的簪冠礼之后,个体的自我意识以及自尊心、自信心就会油然而生,从而为勇于承担社会责任和家庭责任打下坚实的心理基础。

四、嫁妆

旧时酉阳民间婚俗,男女双方经媒人(介绍人)牵线搭桥后确定婚姻关系,双方家长选定一个良辰吉日接亲。接亲三天前,男方必须备好彩礼送到女方家去,以报答女方父母的养育之恩。女方父母早已给自己的女儿备好嫁妆,这些嫁妆包括米柜、抽屉、桌子、箱子、被子等达12种,俗称"12杠"。条件好的家庭,还要置备晒席、铧口、锄头、风车(风簸)之类,俗称"双陪双送",嫁妆共24种,俗称"24杠"。

为了在选定的这个日子能够将女方的嫁妆搬运到新郎家,男方就必须在婚期的前一天把所请的"侠子"叫来集合,进行清点打招呼的工作,俗称"团侠"。婚期这天清早,接亲队伍就出发,一路上敲锣打鼓吹唢呐。同时,迎亲队伍还有押礼官、红领大人、秧歌队等。

家底殷实的人家嫁女,除办"24杠"嫁妆外,还要在柜子里装大谷、玉米等粮食,压得"侠子"们汗流浃背;在樟木衣箱里放满铜钱,连床上的枕头里也装满粮食，让人们深感新娘子陪嫁有多么厚重。

五、哭嫁

🔍 想一想

结婚应该是很开心幸福的事情，为什么土家族人女方要哭嫁？

哭嫁，是酉阳民间婚俗。姑娘出嫁时一定要哭嫁，哭得动听，哭得感人，才被称为聪明伶俐的好媳妇。每个姑娘从十二三岁开始，就要学习哭嫁，不会哭的姑娘是不准出嫁的。

哭嫁有专门的"哭嫁歌"，是一门传统技艺。古时，人们的婚姻比较自由，只要男女双方愿意，并征得族中长老的准许，便可定亲、婚娶。随着封建礼教的发展，自由婚姻逐渐被包办婚姻所替代，讲求"父母之命、媒妁之言""门当户对"等条件，姑娘因对包办婚姻不满而衍生的哭嫁现象就逐步表现出来，并发展成内容丰富的文化现象。直至中华人民共和国成立后，包办婚姻的现象才基本得到遏制，但不管婚恋形式如何发展，姑娘在出嫁前亦喜亦悲的挥泪恸哭却亘古不变。即使在民族交往频繁、文化渗透迅猛的今天，姑娘在出嫁前也要向前来贺庆的亲朋好友献上一曲悲欢离合的哭嫁歌。

人喜则笑，遇悲乃哭。在大喜之日，出嫁女子为何要大放悲声呢？原来，哭嫁歌听其音是哭，究其谱却是唱，琢其意则意蕴丰富。哭嫁的程序，新娘一般在婚前一个月就开始哭嫁，也有在出嫁前二三天开始哭的。娘家人一边为她置办嫁妆，一边倾诉别离之情。会哭的姑娘，一个月之内哭词不重复，要哭祖先、哭妈、哭兄嫂、哭姐妹、哭媒人、哭自己。哭的形式是以歌代哭，以哭伴歌。歌词有传统模式的，也有聪明姑娘触景生情的即兴创作，用"哭"这一形式倾诉心中的情感。当然，也有真伤心而哭的，是狠心的媒婆乱点鸳鸯谱，害了姑娘的一生。

哭嫁的高潮是在新娘出嫁的日子。在出嫁的前一天，亲朋乡邻都前来祝贺和哭别。新娘家要邀请新娘九位最好的未婚女伴，陪着新娘哭，叫"十姊妹会"。这九位姑娘是陪哭的重要角色，因此无论她们家住远近，无论风雨阴晴，新娘家均要打轿派人去接。十姐妹聚齐后，新娘家将两张八仙桌拼在一起，摆在堂屋中间，比新娘年长的坐上方，与新娘年龄一般大的姑娘坐两旁，新娘坐在姑娘们中间。哭的内容主要是叙述姐妹友情，也有相互鼓励、劝慰的话语。哭到半夜，新娘家摆上夜宵，十姐妹吃了又哭，新娘以此感谢九姐妹的相陪。

哭嫁是婚礼的序曲，人们认为"不哭不热闹，不哭不好看"。亲朋好友前来送别，哭是一种友好，哭是一种礼貌。对于那些坐在席中不哭唱的，新娘会认为是瞧不起她而不高兴。

"哭嫁"诉说的内容，由于世代口头传承，加上一些"哭嫁娘"的积攒和琢磨，因而形成了某些大同小异的口传"本子"，即令人赞叹的民间抒情长诗《哭嫁歌》。这部民间长诗大体上分为哭娘、哭哥嫂、别姊妹、哭媒人、哭嫁妆、哭辞祖宗、哭上轿等10多个部分，长达数千行。比如："忽听金鸡一声叫，好像乱箭穿我心，唢呐吹起'娘送女'，唢呐一声泪一滴，扯娘罗裙扯爹衣。苦命女儿送上轿，亲生骨肉两离分……"这样的哭词，就是铁石心肠的人听了，也难免潸然泪下。

六、迎亲

迎亲即迎娶新娘子，迎亲队伍一路敲锣打鼓吹唢呐，去女方家接新娘。在离女方家寨子不到五百米远的地方点燃鞭炮，以提醒女方做好准备。红领大人走在最前面，接着是新郎和押礼官，再是吹唢呐和敲锣打鼓的，走在最后的是秧歌队和"伕子"，来到女方家，押礼官和女方的家族代表一起，在堂屋神龛前烧钱化纸，以祭祀女方祖先。次日凌晨，"伕子"们吃完早餐后，押礼官安排"伕子"把所有嫁妆打包，将嫁妆捆绑在竹竿上。在捆绑嫁妆时，因为抽屉、衣柜、桌子等比较沉重，女家要给"红包"，以确保运输途中不被损坏。事毕，女方族长宣布"起嫁"，新郎立即进入女方家中堂；新娘子哥哥或弟弟从小屋里背出新娘，在中堂叩拜向祖宗告别。然后，新娘兄弟将新娘背出大门，亲手交给新郎官。新娘脚不沾地坐上轿子，意即不带走娘家一粒尘土。待新娘坐上轿子后，在锣鼓唢呐声中起轿上路。

酉阳多数地方山路崎岖，一路上抬嫁妆的"伕子"累得满头大汗，在停下来歇气时，要把所有的嫁妆放在大路中间，将新郎和新娘拦到后面，大伙嚷着向新郎新娘要香烟果糖。当地人说，结婚那天最受人"追捧"的不是新郎新娘，而是抬嫁妆的"伕子"。如果这天对"伕子"们"伺候"不好，他们会故意让新郎新娘难堪，比方说在被子里放几条毛虫，或是故意把铺盖被褥拦到最后，让新娘新郎的"新床"铺不好。所以，迎亲中，最得罪不起的是"伕子"。新郎新娘到了堂屋的大门口，圆亲婆牵着新娘新郎一起拜堂后，新郎要抢先进入洞房坐上婚床，然后才让新娘进入洞房坐在婚床上，据说这样男方才能当家作主。

新娘子出门后，娘家要派人送亲，送亲人员是新娘的叔伯兄弟及姊妹闺蜜。送亲队伍要和迎亲队伍保持一定距离。送亲人员到男方家受到上宾接待，但当天必须返回，以回避晚上闹洞房时的尴尬。

七、闹洞房

闹洞房是酉阳民间传统婚俗中不可缺少的一个环节，可以算作是婚礼的高潮。闹洞房从积极的意义上说，能增添热闹气氛，祛除冷清之感，因而有的地方又称之为"暖房"。旧时男女结合多是经人介绍，相互之间比较陌生，闹洞房能够让他们消除陌生感，为新婚生活开个好头。此外，闹洞房还能使亲友彼此熟识，显示家族的兴旺发达，增进亲友间的感情。

"新婚三天不分大小"，所以，闹洞房中，新郎新娘以及新郎的父母，往往会被他人甚至晚辈们捉弄取笑，被捉弄取笑也不能生气，以免破坏新婚的喜庆气氛。当然，闹洞房也不能太出格，不能闹得太久，以免影响新婚夫妇休息。尤其不可粗暴起哄，引发不愉快的事。偶有因闹洞房过分给新郎新娘带来身心伤害的，这样闹洞房就超过了限度，应当引以为戒。

闹洞房又称"逗媳妇""吵房"，一般在迎亲的当天晚上进行。做法是先由小姑送灯，早生贵子。送罢灯，无论长辈、平辈、小辈，皆聚在新房中，祝贺新人，嬉戏打闹，多无禁忌，有"闹喜闹喜，越闹越喜"之说。参与闹房者，大多为新郎儿时伙伴，多为说笑逗乐，以哄堂一笑为足。无论如何喧闹，主人不得恼怒，越闹越发，喜可加倍。也有的对新娘戏弄，伴娘常代新娘受一半，为抵制戏弄，常以糖果抛撒闹房人。闹房结束后，还要让新娘擀面条。制作子孙汤，意即白头偕老，子孙满堂。婚床由儿孙满堂的长辈铺就，边铺边道："公公铺床，儿女双行。"

闹洞房后，人们意犹未尽散去。洞房花烛夜，长夜燃明灯，新娘开柜，新郎试鞋，夫妻对话，窗外还有偷听者耳贴墙壁，若得其一言半语，常为人们谈笑之资。

八、回门

回门是指新婚夫妇新婚的第三天回岳父母家，对于新娘来说，则是初为人妇后回到自己的娘家。

旧时酉阳民间风俗，新娘子"三天不吃婆家饭，三年不穿婆家衣"。在新婚的三天中，新娘子每天只能吃从娘家带来的干粮，要待回门以后才和婆家人过正常生活。回门是新婚夫妇真正意义上的第一次省亲，夫妇二人双双参拜女方父母，自然是一种必不可少的礼节。这时的新郎拜见岳父岳母，让新娘父母看到二人婚姻美满，也是整个婚礼的收尾。岳父母家要设宴款待新女婿。新女婿要献给岳父母"回门礼""回门钱"，并送上肉、蛋、面等礼品。新郎新娘回门，在岳父母家要住几天方可返回，返家时岳父岳母要给赏钱。

第三节 寿礼

》问题导入

回忆一下家里人是怎么过生日的？小孩的生日比较隆重还是老年人的生日比较隆重？

寿礼是土家族人的重大礼仪之一。土家人祝寿，对小孩子称为"长尾巴"，成年人叫"过生日"，50岁后方称"祝寿"。但若父母健在，即使年龄再高也不能称"祝寿""尊亲在不敢言老"。土家族为老人祝寿要献鱼，上长寿面，敬寿桃，满60花甲的寿礼最为隆重。土家族祝老人健康长寿，堪称民族美德。土家族的寿礼，充分体现了孝顺父母的优良传统伦理道德。

在土家族的寿礼中，举行得最为隆重的是父母的寿礼，寿礼就是为父母尽孝的一项非常重要的内容。土家族特别重视父母与子女的关系，即所谓"父慈子孝""孝顺父母""抚养子女"等，这既是中华民族传统人伦关系中的重要方面，也是土家族的优良传统伦理道德。"孝"被称为一切道德的根本，是所有"教化"的出发点。《孝经》曰："夫孝，德之本也，教之所由生也"。

因此，要想成为一个有道德的人，就必须在"孝"这一根本上下功夫。"孝"就是善事父母，就是要对父母尽养育之恩。孔子认为，对父母不但要"养"，而且要"敬"。孔子曰："今之孝者，是谓能养，至于犬马，皆能有养，不敬，何以别乎？"只有从深爱和孝敬出发，才能使父母和颜悦色。如果父母有过，应当谏诤，但要注意态度。土家人认为，父母子女关系是社会中的一种最基本的关系，从一个人对自己父母的态度，可以推断出他对他人、对国家、对社会的态度。只有对自己父母尽孝的人，才能对国家尽忠；反之，一个人如果不能对自己的父母尽孝，他也绝不可能对国家尽忠，"求忠臣于孝子门下"。

土家人特别认为，在所有的伦理道德关系中，"以孝为上"，孝顺父母是第一位的，是至高无上的道德。家庭成员中无论个人的行为如何，都要孝敬父母，否则，就会遭到全家人的唾弃和社会的谴责。在封建社会，土家人将父视为天，将母视为地，"天大地大，不如父母恩情大"，不管自己年纪多大，只要父母健在，就必须孝顺父母。对父母一要孝敬，二要顺心。对父母要打不还手，骂不还口，有理必从，无理不辩，有问必答，有求必应，病痛常问，有愁劝解，说话谨慎，不伤其心等。土家人还将孝顺父母的各项行为准则列入族规、家规，凡出现不赡养或虐待父母的逆子恶媳，在家庭中不能解决，就由家族按族规惩处。轻者被人骂为"报应崽"，家族要忠告逆子，限期悔过，或当众向父母赔罪，并请人具保不再犯；重者，按其情节或罚其苦役，或裁其部分财产归父母享用，或受肉体惩罚我们要剔除土家族孝顺父母这一传统伦理道德中的一些封建因素，将其进行扬弃，批判地继承，从而发挥其积极的社会价值。

第四节　丧葬礼仪

>> 问题导入

生老病死是人类的自然规律，也是人生的最后一程，葬礼对于土家族人来说非常重要，也是一个家族是否团结的体现，下面我们来学习土家族人的丧礼，看看他们如何度过悲伤。

一、报丧

酉阳民间家人不幸去世，死者刚落气，要立即给尸体"调头"，在死者脸上盖上黄纸，让逝者放心西归，然后便是报丧。

报丧分三个过程。首先，老人刚落气，孝子就要燃放鞭炮向本寨亲友报丧。接着，孝子和媳妇烧好一锅水，脱去死者衣服，为其洗浴更衣，然后请端公指路，意即将死者亡灵指引到祖先发祥地。指路毕，将死者装棺入殓。旧时没有电话或移动通信，要派人分头去通知邻村的亲朋好友。若亲朋住得远，也可等到确定安葬日期后再去通知，让亲戚按期前来上祭送葬。

报丧的顺序也有讲究。若死者是男性，要先通知其亲姐和亲妹家人；若死者是女性，要先通知其亲兄和亲弟家人。孝子到了亲戚家门外时先磕一个头，进屋后在堂屋里再磕一个头，亲戚家人见了就会招呼孝子到火塘边就坐。这时，孝子便通告死者去世的消息，并请亲戚前往吊祭。

本村的亲友听到鞭炮声后，不用请，也不用召集，会自动聚拢到死者家中，帮助料理丧事；邻村的亲友接到报丧后，很快带上香、纸、粮、牲等前往吊祭；更远处的亲戚则要在安葬的头天前去参加安葬仪式。

二、做道场

旧时酉阳民间，丧事兴办道场超度亡灵。

做道场属道教信仰，它用神仙不死之道教化信仰者，劝人通过养生修炼和道德品行的修养而长生成仙，最终解脱死亡，求得永恒。道教从一开始形成，就从事或参与葬礼。中国人重视养生送死，并要求通过一定的仪式加以表现，主要是让亡灵得到安宁，同时要人鬼分途，死亡的阴影不再笼罩活人，保证活人的平安。同时，古人又重视死者的亡灵能够上天堂，与诸神和先祖同在。道教教派主要在民间活动，所以参与民间的葬礼几乎是题中应有之义。比如墓门解除（一种为死者墓室举行的法术仪式，意在使人鬼分途，同时也包含镇墓功能），解除复连（使造成死亡的厄运和晦气不干扰活人），都是经常性的活动。以后葬礼的内涵逐渐突出孝的主题，强调经过道士做法，使亡者早升天堂，使已亡的祖先早日脱离幽冥之苦。

酉阳流传的是一种道门葬礼，俗称"做道场"，经常在寺庙和农家演出，作为一种法事活动悼念亡人。

道门的葬礼有相当完整的仪式，不过在民间施行中，融入了许多儒、佛两教的因素。祖传道教，有古代道教遗风，亦有古代传道之术，有古画"三古菩萨"画像、古代服袍、做道场用的器材、道教的古书等。做道场时，道士身穿各式长袍，吹、拉、弹、唱（即诵经，道教认为诵有莫大的功德，给亡灵诵经，能使他们早脱幽冥之苦）。在丧礼中，常诵的经典有《度人经》《玉皇经》《三官经》等，曲调都是古代遗传，演唱高亢明亮，其念白为本地方言。到"解结"（做道场的一种形式）时，由两人表演"对词"。凌晨12时亡人入殓，道士表演"转逍遥"，动作从慢到快，伴奏从轻到重，从散到紧，非常精彩。

"踏八卦"是做道场的另一形式，道士们动作灵活，念白幽默，唱腔洪亮。做道场的伴奏乐器有簧、笛、箫、二胡、唢呐、笃板、锣、鼓、磬等，演出内容和音乐都较为丰富。

三、跳丧

跳丧又称"打丧鼓"，土家语叫"撒尔嗬"，是酉阳民间特有的一种古老的丧葬仪式，具有浓郁的地方色彩。跳丧通常以讲述人类起源、民族迁徙、传说故事为主要内容。开场时先由一人提锣绕棺边敲边唱，其后掌鼓师和众舞者便以"相和之声"加衬词衬句，歌子曲调宽广、音域奔放、节奏明快，极似古巴渝民歌。

跳丧有双人、三人、群舞三种形式，动作皆为模仿飞禽走兽，主要特点是舞者全身不断上下颤动，胯部左右摆动幅度大，手随体的摆动自然晃动，具有粗犷美。在摆臂、下沉、扣胸、圆肩、脚内侧交替移动等方面极似巴渝舞。

如今，跳丧舞已逐步从丧葬活动中分离出来，成为一种颇具观赏性的土家族群众性舞蹈。跳丧舞是土家人民自己创造的艺术形式、源远流长，形式多样，多侧面地展示了土家民族的风情习俗，它是土家民俗文化的奇葩。

跳丧舞源远流长，滥觞于魏晋南北朝的"歌丧"。《后汉书》道它起源于巴渝舞。当年，巴人在强敌殷人七十万大军面前大跳"巴渝舞"，其目的有二：一是驱鬼避邪，二是鼓舞士气。事实上，巴渝舞在当时确实起了巨大作用，以致伐纣战役结束，武王特下令将巴渝舞列为宫廷舞。后来，巴渝舞逐渐演化为土家族祭祀舞，刘向的《世本》、郦道元的《水经注》、唐人的《晋书》、杜佑的《通典》、樊绰的《蛮书》中都有记载。

隋唐时期，土家族先民就有"其父母初丧，击鼓以道哀，其歌必号，其众必跳"的习俗。据有关史料记载："家有亲丧，乡邻来吊，至夜不去，曰伴亡。于柩旁击鼓，唱俚歌哀词。"这种祭祀歌舞，在古代巴人后裔土家族的聚居地区世代沿袭，千古不绝。谁家死了老人，村民们闻讯而至吊丧，通宵达旦，这叫"人死众家丧，一打丧鼓二帮忙""送不起豆腐送不起情，跳一夜丧鼓陪亡人"。这种丧葬习俗经过不断传承，逐步演变为跳丧。

跳丧的种类繁多，按跳丧格局大致可分"四大步""待尸""么连嗬""摇丧""打丧""哭丧"等20多种类型。按模拟形象动作，有"凤凰展翅""犀牛望月""猛虎下山""虎抱头""牛擦痒""猴子爬岩""狗吃月""狗撒尿""燕儿衔泥""古树盘根""幺姑筛箩""耍五巾""风夹雪""滚身子"等。跳丧时，锣鼓大作，鞭炮阵阵，一人击鼓以歌，跳者围棺而起，脚跟鼓点鼓脚跟，跳者数人不等，但女人不能跳丧。击鼓者领唱，对舞者和，多为高腔俚调，边唱边舞。鼓声一起，或高歌狂舞，或轻歌漫步。舞者头、肩、腰、臂、腿、脚尖、脚跟齐动作，跳着变化多姿的舞步。有时掌鼓击锣二人坐唱，其余人唱和，此名"坐丧歌"。有时掌鼓击锣二人坐唱，另二人边跳边唱，此名"跳丧鼓"；有时四人围棺转圈，边跳边唱，此名"转丧鼓"。

跳丧的唱腔分高腔、平调，节奏鲜明，主要是6/8拍。跳丧有歌有舞，舞的成分较重。舞蹈时，整个舞场均随掌鼓人的鼓点和唱腔随时变换曲牌、节拍和舞姿。掌鼓者也通过鼓心、鼓边、鼓沿敲击出富于变化的鼓点，边击鼓边领歌，和歌而舞。跳丧舞姿狂放，随着击鼓者的指挥，不时改变舞姿和节奏，激烈时似山呼海啸，张弛交替，古老质朴。

跳丧的歌词内容十分丰富，有赞颂土家先民开疆拓土、回忆民族历史的；有反映先民图腾崇拜、渔猎活动的；还有歌唱死者生平事迹的，历史传奇、日常生活趣事，都是歌唱的题材。歌词多呈四句七言，内容古朴。每唱完一首，最后大家高声合唱一句"解优愁噢"，表示为死者家里散解忧愁。

四、守灵

守灵唱孝歌是酉阳民间的丧葬习俗。丧事期间，要找会唱孝歌的人通夜演唱，所唱内容不限，有为老人歌功颂德的，也有历史故事和民间传说。到夜深之时，唱者也会来一点打情骂俏的歌，以消除守灵人的困倦不至于冷场（农村习俗，老人去世，葬礼越热闹就越孝敬）。有的为了更热闹更吸引人，干脆就请两拨唱孝歌的人，让其对骂，谁骂赢了主人另行有赏。孝歌曲调多为当地山歌，歌词由唱歌的人临场自编。

孝歌起源于何时，有多种说法。《庄子·至乐》载：庄子妻死惠王吊之。庄子则踞鼓盆而歌。但庄子所唱应当是挽歌，而孝歌是泛指民间说唱艺术形式的混合体。孝歌以唱为主，大多反映民间传说和历史故事，褒奖孝行、弃恶扬善之类。也有群众口头即兴创作的孝歌。内容有《父母恩情难得报》等劝善行孝的，也有《五更单身》《五更哭》《丈夫一命归西天》等曲目，是叙述单身男女独处之苦的故事。歌场为赛场，歌者聚首，各显其能，见人唱人，见事唱事，凡生活所及无不入歌，以此为亡者守灵。

五、送葬

送葬即出殡。酉阳民间出殡，要先请阴阳先生选择吉日吉时。出殡时，由一人点着火把在前撒纸钱开路，并在岔路口焚烧死者生前床上的垫铺草，紧跟其后的是死者的长媳端着死者的灵牌，长子举着旗幡以及抬花圈、扶灵柩的送葬队伍。

出殡至墓地，先要请先生用罗盘定方位，然后焚香化纸祭祀土地神，意即为死者"买山"。这些仪式后便是挖墓坑，墓坑挖好后，要在坑底撒上朱砂和大米，然后放入棺材。掩土垒坟前，还要撑开雨伞打开棺盖，亲人要一个个向死者作最后告别。掩埋棺材还要"扫财"，即把棺材头抬起，孝子放些铜钱在棺下，用新笤帚扫下棺盖上的浮土，倒在坑底下，取"捎财起官"的意思。

出殡的程序：先转棺，将棺材移出门外，再抬起棺材头，由端公先生主持礼仪。孝子棺前跪拜，先生读完祭文即砸碗起棺。送葬队伍一般是长子举旗幡，长媳端灵位，次子及孝属们皆披麻戴孝一路前行。伴随起杠，还有两项礼仪：一项是把死者生前床上的垫铺草烧掉；另一项是"摔盆"，即把灵前祭奠烧纸所用的瓦盆摔碎。这个盆俗称"丧盆子"，摔盆者一般是死者的长子或长孙。摔盆讲究一次性摔碎，甚至越碎越好，按民间习俗，这盆是死者的锅，摔得越碎越方便死者带走。瓦盆一摔，杠夫起杠，正式出殡，送葬队伍随行。

在传统丧礼出殡路上，还有几项礼仪。如扬纸钱、摆茶桌、路祭等。扬纸钱是扬撒由黄草纸做成的纸钱，一般由专人在孝子前面扬撒，意即撒"买路钱"。茶桌和路祭棚多为丧家的亲朋摆设，对丧家表示哀悼和慰问。茶桌供孝子和亲友饮水，孝子要跪下叩谢。路祭是指在出殡队伍所经之路设供桌或祭棚，祭奠亡灵。遇有路祭，送葬队伍一般要停柩进行祭奠和答谢，祭奠完毕即起棺继续前行。

六、招魂

在酉阳民间，传说人有三魂七魄，是人的本命精神所在。人的灵魂平时附于人体，当人受到意外惊吓后，其灵魂就会离体旁落，难以回归。过去在乡村常见的一种招魂方式是：死人出殡以后，由死者的一位亲人举着招魂幡，端公一边念咒语一边做法事，如果招魂幡在抖动，举幡者感觉旗幡突然沉重，就说明死者魂已招来，可免死者回不了家而变成野鬼。

招魂是为了沟通活人和鬼魂的联系。沟通鬼魂和活人联系的人叫"端公"，在他施了法术以后，活人所要找的那个鬼魂就附在"端公"身上，活人就可以借助"端公"和鬼魂对话了。还有一种叫"关亡婆"的巫婆，采取某些方式使鬼魂附体，鬼魂附体以后，她就成了鬼魂的代言人，可使活人和鬼魂交谈。巫婆惯用的方式叫"如魂术"，主要是对要过阴的人进行心理暗示式的催眠，使其感到自己在特定的环境中随着巫婆念动的咒语，灵魂似乎离开自身，向阴曹地府飘去，这时旁观的人可以看到过阴的人和鬼魂说话或做其他一些动作。还有一种叫"降八仙"的巫术活动，也是一种"招魂术"，就是人经过巫师摆布以后，会失去意识控制，而按照巫师的指点做出一些怪异的动作，旁观的人就以为是上界的哪一位神仙在这个人身上附体了。

七、烧七

烧七即烧灵，是酉阳民间丧俗。从死者逝世那天算起，每七天"做七"，亦称"烧七""七七斋"等。其大致内容是：人死后，亲属每七天设斋会奠祭（或称追荐）一次，前后七次，共七七四十九天。民间丧俗对此有种种讲究，如第一个"七"称"头七"，由孝子为亡父（母）焚纸钱，延请和尚诵经；"二七"则请道士还受生经；

"三七""四七"俗称"散七",可由外甥、侄辈来做;"五七"备受重视,另有"回煞"仪式;"六七"由女儿备酒饭,无女则由侄女备办;"七七"称"断七",由丧家供奉酒菜祭奠,并诵经除灵,要纸扎灵屋,连同死者灵牌一同焚烧,让死者登天享荣华富贵。事实上,做七习俗并不是儒家所倡导的传统丧葬礼俗,有关做七习俗的来源及其信仰等问题,至今众说纷纭,尚无定论。

八、守孝

酉阳民间,家有老人去世,后人居丧守孝三年。在三年守孝时间里,必须要在生活的许多方面加以节制,不得穿鲜艳衣服,不得参加各种娱乐活动,过年过节不能用红纸写对联,不挂红灯笼等,以表示对亲人的哀悼和思念。这就是居丧之礼节,对于孝子要求更严。古时孝子居丧三年称为"举孝廉",为什么是三年呢?因为按惯例,小孩子在出生以后三年不离父母怀抱,因此,父母死后,孝子应服丧三年,以示回报。三年之间还会有很多小的礼仪,礼仪繁多,要求严格。现在人们生活节奏加快,工作繁忙,有人居丧,就不必守孝三年了。

第五节 其他礼仪

》问题导入
除了我们的出生礼、婚礼、葬礼之外，还有什么其他礼仪需要注意的吗？

一、祭祀先祖

祭祀先祖是酉阳民间过年的一项隆重的民俗活动。除夕之前，家家户户都要把家谱、祖先像、牌位等供于中堂神龛上放供桌，摆好香炉，奉上供品。祭祖的同时，有的也祭祀天神地神、玉皇大帝、王母娘娘。供品有五牲、五碗菜、五色点心碗饭、五杯酒等。祭祖一般由家长主祭，点两支烛，燃三炷香，叩拜后，祈求来年百事顺利、五谷丰登，最后烧纸。人们在春节期间祭祀祖先、叩拜神灵，其实就是给祖先诸神拜年。

中国人有慎终追远的传统，过节总不会忘记祭拜先人，春节也不例外。供奉食物或鲜花以表心意，是普遍采用的仪式。祭祖的形式或许因宗教信仰而不同，但纪念祖先的意义却是相同的，是家庭祭祀活动最主要的内容之一。按照民间的观念，自己的祖先和天、地、神、佛一样，是应该认真顶礼膜拜的。因为列祖列宗的"在天之灵"，时时刻刻在关心和注视着后代子孙们，尘世的人要通过祭祀来祈求和报答他们的庇护和保佑。春节时必须祭祖，缅怀自己的祖先，激励后人。但因各地习俗不一，所以有的地方在年夜饭之前祭拜，有的地方在除夕夜子时前后祭拜，有的地方在大年初一早上开家门前祭拜，也有上坟祭祖的，俗称"拜坟"。

祭祖礼仪包括点烛、燃香、上茶、斟酒、献胙肉、念福辞、焚祝文、辞神叩拜等。有的地方在焚烧钱纸时，主祭要献上一杯酒，然后将酒酹于焚纸上，以示虔诚。在祭祀中还要燃放烟化炮仗，为祭礼增添热烈气氛。祭礼结束后，阖家围坐一桌吃团年饭，其乐融融。

二、拜年

拜年是酉阳民间的传统习俗，是人们辞旧迎新的一种方式。通常是正月初一早上，家中晚辈给长辈拜年，然后是家长带领小辈出门谒见亲戚、朋友、尊长，并以吉祥语向对方祝颂新年，谓之"拜年"，主人家则以点心、糖食、红包（压岁钱）热情款待。拜年的时间应该是除夕零点以后，这个时候新的一年真正开始，大家互相祝贺，而早于零点就属于拜早年，如果晚于正月初十就属于拜晚年了。民间有谚语："有心拜年，十五不晚。"早年和晚年都属弥补性质。

拜年一般从家里开始，初一早晨，晚辈一个个在堂屋香龛前分别给各位长辈作揖叩首拜年，祝福长辈健康长寿，万事如意。长辈受拜以后，要将事先准备好的红包分给晚辈。春节期间，人们外出相遇时，也要笑容满面相互恭贺新年之喜，互道"恭喜发财""新年快乐"等吉祥的话语，左右邻居或亲朋好友亦相互登门拜年或相邀饮酒、礼尚娱乐。

初一或初二，女婿必须带着媳妇到岳父母家拜年，带上糍粑、猪腿、面条等礼物，进门先在堂屋香龛前行三叩首礼，然后再给岳父母依次跪拜。给朋友拜年如系平辈则只需相互拱手一揖而已，如比自己年长，应主动跪拜，主人应走下座位作搀扶状，连说"免礼"，表示谦恭，这种情况一般不宜久坐，寒暄两句客套话就要告辞。主人受拜后，应择日回拜。

如今拜年形式多样，有当面拜年、红包拜年、短信拜年、电话拜年、贺卡拜年、写信拜年、电子邮件拜年、鲜花快递拜年、网上视频拜年等。

第七章
酉阳苗族礼仪

　　礼仪是在人际交往中，以一定的、约定俗成的程序方式来表现的律己敬人的过程，涉及穿着、交往、沟通、情商等内容。从个人修养的角度来看，礼仪可以说是个人内在修养和素质的外在表现。从交际的角度来看，礼仪可以说是人际交往中适用的一种艺术、一种交际方式或交际方法，是人际交往中约定俗成的示人以尊重、友好的习惯做法。中国古代有"五礼"之说，祭祀之事为吉礼，冠婚之事为嘉礼，宾客之事为宾礼，军旅之事为军礼，丧葬之事为凶礼。五礼的内容相当广泛，从反映人与天、地、鬼神关系的祭祀之礼，到体现人际关系的家族、亲友、君臣上下之间的交际之礼；从表现人生历程的冠、婚、丧、葬诸礼，到人与人之间在喜庆、灾祸、丧葬时表示的庆祝、凭吊、慰问、抚恤之礼，可以说是无所不包，充分反映了古代中华民族的尚礼精神。苗族是我国一个古老的民族，在历史发展的过程中，形成了众多的礼仪习俗。本章对重庆酉阳苗族的生育、冠婚、寿庆、葬礼及社会礼仪等做一些阐述。

📖 学习目标

· 了解酉阳苗族的生育、冠婚、寿庆、葬礼及社会礼仪等

· 掌握酉阳苗族的生育、冠婚、寿庆、葬礼及社会礼仪的特点

第一节　诞生礼

▶ 问题导入

诞生礼是中国传统的民俗之一，多年来随着文化流传了下来，诞生礼存在的意义是什么呢？

◆ 知识链接

《重庆市志民俗志》对苗族的生育习俗记述十分详尽，现将其摘录如下。

对婚后许久不孕的苗族女子，便用草药月月红、对月草、五星草等熬水吃。婚后两三年不见生育或只生女孩，便去庙上求观音菩萨，给他"上红"或"献佛鞋"。有的抱儿押长，有的给女儿取名"接弟""接男"之类。也有家人背着夫妇将南瓜藏于被子内（"南"与"男"同音），还有在八月十五日送瓜或"偷瓜"以兆生子的。

妇女怀孕后比较注重保胎，这个阶段，卧室内的大型家具（床、柜子、衣柜、桌子梳妆台等）不能搬动。厨房的灶头坏了也不能修理或重造；屋内或住宅周围不能动土，板壁上不能钉钉子……否则，便"动"了胎。轻则婴儿出生后五官不全或面部出现小孔，重则流产。如果要翻捡屋瓦，或要动土，或要安装板壁门窗，瓦匠、土匠、木匠先要问主人家"有占无占"（即是否有人怀孕），如有，匠人便先要"打招呼"（使"安胎"法）以保平安。

小孩出生后要钉奶。生小孩时，如果生在地上的，便在小孩落地处钉颗钉子，用东西盖住；如果生在脚盆里，便在盆底上钉颗钉子，表示把奶水钉住。产妇"月子"期间（即产后两个月内）凡是怀孕或经期的妇女，如果进了产房，据说便会把奶水带走。如发现产妇的奶量大减或突然中断，便将"带奶"的妇女请回来，由她给产妇递一碗水或小吃，称为"还奶"。也有将产妇随身携带的钥匙等小东西暗中送给"带奶"者，请她把这些小东西送还给产妇。有些地方，外人进产房时要把身上带的钥匙、牙签等挂在门口，不带进产房，走的时候从门口取下来带走。据说，这可避免带奶。如果不慎带了奶，便将去产房时随身携带的钥匙等送去挂在产妇门上，这可使奶水恢复。

一、出生贺喜

生小孩后到产妇家的第一个客人叫"逢生人"。对逢生人，不论亲疏贵贱贫富，也不论认识与否，主人都要热情招待，并说明客人是逢生人。如逢生人与所生孩子的性别不同（男逢女生或女逢男生）则认为大吉大利，有"男逢女生，戴银穿金；女逢男生，财发人兴"之说。如逢生人与所生孩子性别相同（男逢男生或女逢女生）则为不利，为逢凶化吉，逢生人离开时，要把主人事先准备好的一碗冷水倒掉，便可保无虞了。

二、为孩取名

生了孩子后，由家中的长辈按家族的家辈取名，事先要请人算"八字"，看孩子五行缺什么，以便在取名时用所缺五行（金木水火土）偏旁的字补上。如果八字"大"，便要改姓，还要取小名，如冬狗、春狗、猎狗、黑狗、黑牛之类。据说，取这些名的孩子容易长大，少灾少病。如果是女孩，多以大姑、二姑、三姑为名，不另取名。中华人民共和国成立前，女子出嫁后多称为"×氏"，这种女子无名字的习俗，或为僚人的遗风。

三、出生报信

新婚后生的第一胎称为"头命生"，由女婿亲自去向岳父岳母报喜。报喜时不说生男生女。如果生男孩，就送一只公鸡，岳父母回赠一只公鸡，表示第二胎仍生男孩；生女则送母鸡，岳父母则回赠一只公鸡，表示第二胎生男孩。如果是双胞胎，则按所生男女，送两只鸡。同时，约定好"送饭"的时间。

报喜后，娘家须按与男方约定的时间，通知三亲六戚到男家"送饭"，届时要送些产妇所需及婴儿穿戴的东西。送的东西有粮食（糯米、大米、稻谷为主，玉米、豆子、麦子等也要象征性地送一些）、汤圆面、糍粑、坛装的醪糟、鸡（忌送鸭子，以避"押子"之讳）、鸡蛋、腊肉、腊油等。婴儿穿戴的衣帽鞋袜等，由孕妇平时做好后放在娘家（也有孕妇回娘家自做的）。届时，组织送亲队伍，雇力夫用箩筐挑去。还要按箩筐口大小，做一对或三、五对大糍粑，上面放红双喜字，将箩筐口盖住。富裕之家，喜字用钱币贴成。送饭的亲戚全为女性，先到某处集中出发，浩浩荡荡，有的多达数十担。

四、满月酒

娘家送饭这天,男方也要请客,称为"整月米酒",也叫"祝米酒"。整酒这天,要把新生的婴儿抱给亲戚看,亲戚要以"吉言"封赠,如"长命百岁""富贵双全""长福长寿""财发人兴"之类,有的还要给婴儿"递排排钱"。除送饭的亲戚要留住两宿外,一般客人不留宿。如果产妇的母亲健在,送亲时一定要去,而且多住些时日,以便照顾产妇。客人告辞的时候,要给每人一个煮熟后染红的鸡蛋,叫作"红喜蛋"。还要把娘家送来的粒粑切成小块,一家或一人一块,分赠给亲戚,以示喜庆。

出生一月后要"剃胎头"和"滚风火",孩子满月那天,要请剃头匠来家,或将孩子抱去剃头铺将头发全剃光,名"剃胎头",剃后要用枫香叶、桐香包和艾叶熬的水洗头,洗后,用一个煮熟的鸡蛋在孩子头上滚。据说,滚了以后,可避风火,所以名"滚风火"。

孩子满月后,选个晴朗的吉日"出行"。也就是将孩子抱到预先约好的有老年人、家庭殷实的亲戚或朋友家去走一趟,送些礼物,叫作"出行"。去后,要将孩子交给老年人抱一下,老年人除了封赠些吉言外,还要给孩子挂一绺白线,别一根针,以避邪祟。回家的路上,父母要不断地叫孩子的名字。"××我们回家去",不断地叫。据说,这样才不使孩子"失魂"。

五、找保爷

按照孩子的生辰八字,有的孩子要找保爷。有找杀猪匠的,有找木匠、石匠、裁缝的。只要辈分合适,首先要找的保爷是逢生人,也可找朋友或其他人。被找的人一旦承认,便与孩子的父母结为"干亲家"。要约定吉日让孩子去拜保爷。第一次去,必带礼物及香烛、鞭炮,去保爷家的堂屋点上香火,请保爷、保娘"受拜"。从此每年要给保爷家拜年,婚后要去保爷家"打端阳"。保爷家有红白喜事也要备礼前去。保爷的儿子称为干哥、干弟,保爷的女儿称为干姐、干妹,十分亲密,有的延续到第二代。凡要改姓的孩子多从保爷姓,由保爷取名字;称自己的亲生父母为"叔、娘"之类。有些人则拜大石头、大树、土地神为保爷。每年要去给大石头、大树、土地神烧香烛,化纸钱,磕头。

孩子断奶以后就给孩子"开荤"。即做一些鸡鱼肉之类带油的好东西喂孩子吃一口或尝一下,还要用筷子头蘸点酒,让孩子尝一下,象征今后酒肉不断。"开荤"后,便给孩子喂饭。

　　如果孩子犯了"将军箭",就要在十字路口立一块"指路碑",上刻"上走××,下走×××,左走××,右走×××(地名)"之类。在这些文字上面,必须刻一把弓箭的图形,标志着这是给孩子"还愿"而立的。如果孩子夜间啼哭不止,便要写些"天黄黄、地黄黄、我家有个哭儿郎。过路君子念一遍,一觉睡到大天亮"的纸条,到处张贴。

第二节 婚礼和成年簪冠礼

🔍 **想一想**

婚礼存在的意义是什么？

男人为女人而婚，女人为自己而嫁，婚姻的本质在于共同相爱、精彩地生活。在我国古代的婚礼中，男方通常在黄昏时到女家迎亲，而女方随着男方出门，这种"男以昏时迎女，女因男而来"的习俗，就是"婚姻"一词的起源。其实，婚姻就是指男娶女嫁的过程。从民歌中可以看到，古时候，重庆苗族民间的婚姻是自由的，"自为媒来自许婚"就是最好的佐证。而且，大多是从唱歌开始。明、清以后，随着汉文化的传播和儒家文化教育的加强，婚姻也纳入了封建礼教的桎梏。一般婚姻缔结过程很长，父母之命成了婚姻的主宰。

❖ **知识链接**

《同治酉阳直隶州总志》对重庆苗族地区的婚礼有一定的记述。酉阳州的婚礼："凡两家结婚，先以媒妁之言，既允，即属媒妁持果盒香烛布帛鸡酒等物至女家为聘，谓之插香；女家寻将女之生年月日书红笺上，仍属媒妁持赴男家，谓之发庚将娶前期三日，女家置酒邀婿会亲友，谓之过门。至期，男家鼓乐迎女至家，行合卺礼，三日庙见。"作者对直隶州的婚礼有一段按语："州属婚礼从简，女家允亲之后，媒氏以香烛祀女家家龛，谓之插荒香；逾年或将娶之年，又以香烛祀其先，谓之插大香。插大香者，视家之贫富以为札，有纳缎布金银钗钏与杂色礼物，然后请庚而归，筮期迎娶。将娶之先或十日、七八日，纳猪酒与缝就衣裳于女家，谓之纳礼。至亲迎之礼，则久无行焉者矣。贫家之女有许字后虽未及笄，即接至婿家，待笄年而后结者，谓之闲（俗读如寒）。伴媳妇，亦贫者从俗从宜之一端也。"

一、男婚

（一）递话

男孩四五岁时，父母便开始为他"找媳妇"。首先要"门当户对"，即两家的经济实力要大体相当；其次，要考虑辈分是否相当；再次，弄清女方的生辰，请人算"八字"，看看二人的八字"合不合。认为合适，便请人（一般为后来的媒人）递话，代男方送去礼物。如果女方将礼物收下，便表明女方同意来往；如果女方拒绝收礼，便是不同意了。男方便另选高门。也有父母双方是至交，指腹为婚的。清代一般土著人与土著人结亲，客家人（即外地迁入定居的）与客家人结亲。时间一久，客家人由于各种原因和变故，也与当地的土著人结亲了。

（二）走"回回"

又叫"走环环儿"。女方同意后，男方即备礼品正式请媒人。请媒人时，男孩要向媒人行跪拜礼。男方便委托媒人去女方定期，开始走第一回，女方一般约定年节或长辈的生日由媒人带领力佚（贫家则由媒人）送去礼品（酒、糖、盐、肘子、肋条、布匹、鞋子、衣物及香烛等），将礼品摆在堂屋香案上，点上香烛。走第一回时，女方要将舅家、姑家及至亲请到，以便征求意见。如果双方年龄尚小，不急于成亲，两三年走一回；急于成亲，一年走一回或两回。这种"回回"，要走三次。在这个过程中，如女方有红白喜事，男方也要备礼前往。如果女方中途变卦，由媒人向男方转达，女方退回男方所送的礼物（一般折价返回）；如果男方变卦，则不退礼品。

（三）插香

即订婚。三回走满后，如果双方无异议，便约期"插香"。男方要准备更多的礼物，大红烛一对（有重八斤的），小红烛两对，大、小香若干，仍由媒人带领力佚送去，将香烛插在女方堂屋的香火上。进门时要大放鞭炮（走"回回"时不放鞭）以此昭告女方祖宗及四邻，女方则要将亲戚请到，以便周知。有钱之家，送礼品的力佚中，有1~3人专门背、放鞭炮。

（四）开庚

男方请媒人将红纸做成的《庚书》及双笔、双墨、双砚和礼品送到女方，女方将姑娘的出生年、月、日、时写在上面，交媒人带回。男方再请阴阳先生按男、女双方的生辰选择婚然后，请媒人将红纸写好的《期单》送达女方，称为"送期单"。女方则将嫁妆的数量告诉媒人，以便男方准备搬运的力佚。

（五）供袱子

男方在婚期这天设香案时，要供袱子（女方也要供袱子。在纸钱外用钱封好，中间贴有红色纸签,上面写好祖先的名字、称呼、时间,及供袱人的辈分、名字),即把袱子立着供在香案上,直到拜客早饭后(有的地方是第二天晚上)才焚化。

(六)迎亲

婚期那天,男方组织好迎亲的轿夫、力伕(送去的礼品中,盐茶米豆必备),仪仗队(炮手、吹鼓手、号手、珍珠伞队、龙凤旗队等组成),由押礼先生(一般男方请同姓的有文化能说会道的头面人物担任)率领,同接亲夫妇、媒人夫妇及新郎(有些地方新郎不去迎亲)前往女方家。如果两家距离较近,当天来回;如果距离较远,头天到女家,第二天返回,要在女家住一夜称为"歇轿"。一般人迎亲,租赁当地的花轿。富裕户则新做花轿,豪华得如一方形的花丛,轿衣、盖头(头帕),全用红绸。轿夫为4人,路远的为8人或12人轮班抬。这种轿子前后的轿杠横梁上,再绑抬杠,抬时,在轿杠圈内、外各一人,以便在山路上行进。迎亲队的前面,有人沿途在大石头、大树、河沟、土地庙、岔路、河沟等处烧香焚纸。

(七)摆礼

迎亲队伍到女家后,先由媒人点上喜烛、喜香,然后由押礼先生摆礼。视男方礼物的多少,女方事先准备好条桌或方桌,排成正对大门的长方形。押礼先生则将新娘穿戴之物按从头到脚,从里到外的顺序,先将花冠摆在前面,耳环要摆在花冠的左右两边下方,衣服要打开平放,手镯放在两袖下面;再摆裤子鞋袜,鞋要摆成八字形,最后,再将化妆盒打开,盒上贴有反写的"天长地久""龙凤呈祥""花好月圆"等吉祥语的红纸,盒子打开后,吉祥语就在盒盖的镜子里反映出来,称为"开盒亮镜"。

接着由媒人去请女方父母及其他亲戚出来,父母坐在上面,新郎一揖一叩头,见过父母以后,再请其他亲戚出来,一一受礼。新郎作一个揖或叩一个头,受礼者便封赠吉言:"给我磕个头,银子装满楼。给我一杯酒,寿缘九十九。"有人(一般为受礼夫妇的女性)接着说"再添三十岁,一百二十九"(酉阳县县北的大部分地区,新郎不去迎亲,便省去了这一礼节)。

最后,押礼先生按"礼单"所列,将礼物一一点交给女方接待人。

如果男女双方是强宗大族中的富户,那么,男方事先要准备好用于各种场合的"疏子"疏、祠先疏、媒疏、传疏、礼疏(即"礼单")。谢席疏、谢宿疏、谢亲疏等,装在"疏禀"(装疏子的精致木盒)里。在适当的时候,由押礼先生在一定的仪式上通过"四言八句"式的交谈后,交女方接待人。有的女家,还在门外摆些盆、凳、新鞋之类，先让押礼先生换鞋，然后是"拆字""铺毡接彩""铁门槛"等，在这些场合押礼先生和女方接待人都要说些有韵的顺口溜（四言八句），双方对答如流，甚至在接烟受茶时，也要说"烟令"和"茶令"，如有差错，不但给男方家族丢面子，而且还会带来不愉快的后果。这些礼节，看似繁琐，但还是有一定的教育和示范作用的。

（八）接轿

女方把新娘送入花轿，并将花轿从大门内抬出交给男方（称为"发轿"）后，由新郎（新郎不迎亲的便由押礼先生或接亲夫妇）把事先准备好的"轿封"（即按男方的姓氏，写有"××世家封"的红绸、红布或红纸）贴于轿门外。这时，力伕便将收拾好的嫁妆抬走。抬柜子的要抢在前面，表示婚后第一胎将生男孩。为此，男方在安排力伕时，要选身强力壮的人抬柜子；女方在给柜子内装东西时，要使柜子里的东西尽量少而轻。

（九）回轿

花轿走的路线，就与男方第一次走"回回"的来路相同，切忌另辟新路，这象征婚姻的稳定，而不会发生变故。这一点，男方事先要对走在前面的押礼先生，特别是那些抬花轿的力伕交代清楚，以免出错。在路上，要尽量避免"撞轿"（与另一乘花轿相遇）。凡是附近在同一天迎亲的，事先各家要互相沟通，或时间错开，或某一段路线错开。如果万一"撞轿"，一般为势力小的让势力大的，也有因撞轿而发生摩擦，甚至打斗的。有些地方，男方专门安排人在花轿前面，对沿途的大树、大石、河沟、土地、祠庙、坟墓、岩岬等焚香烧纸，以保平安。

（十）回车马

花轿抬到大门外地坝停下后，由巫师"回车马"，即在事先摆了香案的大阶沿点香烛，巫师念些咒语，烧些纸钱，泼些水饭，并撒些豆子。

（十一）铺床

嫁妆抬到男方后，即由事先请好的夫妇双全而又有名望的中老年（一般在家族中挑选）妇女2人，先取床上用品将床铺好。婚床不能用旧的，要新做，要用结果实多的木材如酸枣、板栗、乌桕等做。铺床时，先在床板上铺些稻草，铺稻草时，不打开捆草的结，象征永结同心，还要在床的四角放些枣子（早生子）之类的干果。

（十二）拜堂

花轿抬到堂屋门口，由新郎揭去轿封，铺床的妇女去将轿内给新娘垫坐的红毡取出，置于堂屋事先准备好的蒲团上，然后将新娘牵出。这时，头上包白帕的人要将白帕去掉（白为丧事的服色），"四眼人"（即怀有身孕的妇女）及鳏寡孤独者要回避。新娘入门时，要从大门内"七星灯"的筛子上跨过，据说，可将秽气筛掉。新娘被牵进大门后，即伏跪在右边的红毯蒲团上。然后，礼生（又叫司仪人）喊"击磬"（"吉庆"的谐音）"上香""新郎新娘就位""跪""叩首"之类的三跪九叩的跪拜礼。还要读《告祖文》（将×人于×年×月×日与×女结婚之事昭告祖先），如果新郎因在外不能及时赶回的，由兄弟代为拜堂。如女方已怀孕或在月经期间便不拜堂，农村有"不能骑马拜堂"之说，如果女方是二婚，则不拜堂，但要到灶房去向灶神作个揖。

（十三）抢床

礼生宣布"送新郎新娘入洞房"时，新郎、新娘争先进入洞房，抢坐在新床大的一边（即紧贴堂屋的一边，有些地方是抢左边，以左为大）。据说，谁先抢到大的一边，谁在婚后即成为家庭的主宰，这叫"抢床"。

（十四）交杯酒

新郎将新娘的盖头揭去，然后坐到事先准备好的香案前，由一对男孩斟满两杯酒，递给新郎、新娘各一杯，二人各喝一口后，将杯子交换再饮。

（十五）闹房

晚上要在洞房里摆一些糖果之类，让弟、侄、表亲之类边吃边说笑，这叫"闹房"，同时，对新郎、新娘提出要求，要他们做一些亲昵的动作，一直闹到深夜才散去。有些地方，长辈也参加，有"洞房里无老少"的说法。

当晚，新郎即与新娘同宿。但有些地方，当晚由送亲的女眷伴新娘，第二天晚上才同宿，有些地方，要等"回门"以后才同宿。

（十六）庙见

第二天早上举行"庙见礼"，即专门朝拜祖宗。新婚夫妇跪在蒲团上，由礼生宣读《庙见文》，然后拜客。也有在第七天到祠堂去行"庙见礼"的，要准备"香、花、灯、水果、珠衣、食、茶"在祠堂隆重地参拜。

（十七）下灶

第二天早上，新娘须到灶房去，象征性地炒菜或切菜等。开始前，要祭灶王，点上香案，给灶王作揖，表示新媳妇成了家庭的主人，叫"下厨"。

（十八）拜客

拜客时（也有"庙见礼"在"周堂"举行的，便只拜客）。按事先准备好的三亲六戚一家一封"拜疏"，由主持人喊一个呈一封（一般只用一封"拜疏"，放在茶盘里，派人端着茶盘请他们"受礼"）。先要请是原配、生子多而有钱有势的族中夫妇做"开拜人"（即第一个受礼的人）和"收拜人"（即最后一个受礼的人），如果父母双双健在，也有由父母开拜的。拜时，新郎新娘要向香火跪拜，父母则把他拉起，把喜钱放在香案上。其余客人来堂屋受礼时，新郎新娘同样要下跪，客人也要将他们拉起来，一面说"免礼"，一面把喜钱丢在请客者放"拜疏"的茶盘上，请客者便高声宣告"×××大舅喜钱××元"之类，有人将其数额记下，以便日后还礼。亲六戚之间，为了在众多的客人面前争面子，超大方，常常互相攀比，形成风气。拜客结束后，再将开拜钱和收拜钱放在红毡里包着放在新床上，然后交给主人。

拜客后吃早饭，称为"拜客早饭"。饭后一般的客人便告辞，告辞时，主人要给客包一点糖果、粑、饼之类的东西，作为回赠。

（十九）看房

拜客早饭后，女方送亲的女眷要到新房里看望一下男方的女眷（如果新郎的母亲健在，便到新房接待；如果不在，便由新郎的伯娘、婶娘或其他至亲的女眷接待），彼此说一些客套话，叙叙家常。

（二十）送客

送亲的客人临走时，要向主人告辞。出门时，新郎须挂红相送。送亲客回头一次，新郎作一个揖，送亲客给一个白色的"礼封（内装钱币）"；送亲客二次回头，新郎作一揖，又给一个白色的"礼封"，直到送亲客给新郎红色的"礼封"，才停足不再送了。吹鼓手在迎新路上吹"过山调"或"过街调"，到女家进门时吹"大开门"，进门后吹"喜乐调"，摆礼时吹"梳头观镜"，上头（束发）时吹"离娘调"，发亲时吹"小开门"，周堂对吹"满堂红"，进洞房后吹"见郎调"，平时吹"中山帽""喜乐调"等。

有些双方是熟人、至交，本着"人熟礼完"的原则，便省去许多诘问的四言八句。

至于贫家小户，有些连"回回"也不走，只是简单地在女方家堂屋香火上点上香烛，烧点纸钱，就表示订了婚。结婚时，不请客，也不抬花轿，只由媒人将姑娘引来作个揖，便成了夫妻。

中华人民共和国成立后，农村青年谈婚时，男方须按约定的时间由介绍人陪同，带着礼物到女家"取意"。让女方家长看看未来的女婿，如无意见，便走"回回"。不"插香"，但要放鞭炮。走了三次"回回"后，再到乡人民政府办理结婚手续。过"礼"那一天，男女双方同样要请客、收礼。近年来，农村开始恢复部分旧俗，城镇时兴"端盘盘"，即将礼品等放在茶盘里，一人一盘，列队走过街道。有多至200个（谐双双白头之意）茶盘的。有的还用摩托车开道，小车迎亲。新娘进门后，由新郎、新娘将事先准备好的被子分别送给父母、伯叔、舅姑等，长辈收被子时要给喜钱。请客送礼，大办宴席之风兴起。也有青年结婚后外出旅游度蜜月的。

二、女嫁

（一）女工

女方一旦同意婚事后，姑娘就要绣制回赠男方的礼物，如褡裢、荷包之类，这是显示手艺的信物，须从选料、造型、图案、配彩线以及做工等方面下功夫。要做得小巧、精致、美观。如果姑娘不会做或做得不好，还要请朋友帮忙或指导。走"回回"时，托媒人转交。还要绣出嫁时的东西，如鞋子、围腰、枕头叶子（方枕两端）、枕套、帐檐、椅垫等。采用十字线、绒绣、线绣等手法，绣成各种花卉、鸟兽、人物、文字等。

定亲后，还要给未婚夫及公婆、姑、舅等长辈做鞋子，有老年人的"翁鞋"（棉鞋）、妇女的花鞋，男人的圆口鞋等，做鞋前要按穿鞋人脚型的长短、大小、肥瘦、脚背的高低、趾形排列的特点等请媒人取"鞋样"。鞋底为旧布（碱水煮后冲洗发白）加笋壳叠成，再用麻绳密密扎紧。在前脚掌和后脚跟部扎密针，中部扎稀针，有斗套、木瓜心、回纹、菱形、万字纹、五梅花等各种图案，十分讲究。这种鞋子穿起来不仅舒适合脚，而且鞋面和鞋边不起皱纹，十分美观。还有鞋垫，也用彩线绣成各种花纹图案，为精美的艺术品。

（二）嫁妆

女方接到媒人送来的"期单"后，就要给待嫁的女儿准备嫁妆了，请木匠做柜子、箱子、衣柜、桌子、板凳、火盆等木制家具，一律漆成红色。还要准备床上用品。嫁妆以"抬"为单位，按家庭经济实力三抬、五抬、七抬，甚至十多二十抬。总抬数取单数不取双数；被子则取双数不取单数（除一床外）一般"双铺双盖"，取成双成对之意。如果女家贫困，族长便出面向各家分派，某家给被子，某家给卧单，某家给帐子，某家给面盆之类。如果是富家嫁女，被子常常是十几床甚至二十床，嫁妆常常是二三十抬，为族中争面子。

（三）减食

待嫁的姑娘需在婚期5天或7天前开始减食，两三天前只吃一些营养好的小食，以免在花轿上解手。新娘到男方后，直到第二天拜客早饭前，一般不上厕所。

（四）哭嫁

婚期头天，女方的三亲六戚都要来送礼。每当客人进门，姑娘都要哭，称为哭嫁。哭嫁时有一定的曲调，各地民间有手抄的《哭嫁书》。有的姑娘不会哭，要请人先教会。届时，女友们也来陪哭，一助声势，二学哭法。哭的内容按哭的对象不同而异，各地又有区别。

（五）摆嫁妆

男方迎亲队伍到达前，女方要把嫁妆摆在坝子里。木制家具和细软搭配成抬数。一般按大小高矮排成两排，中间摆一抬大的，让亲友参观，以显示富有和大方。

（六）开脸上头

按男方期单上规定的时辰（一般在晚上），先在梳妆台前点上香烛，请女方婚姻美满的妇女，先用细麻线将姑娘脸上的汗毛绞去，称为"开脸"。将姑娘的长发辫绾成髻，中间插上男方送来的簪子，罩上发网，称为"上头"或"贯算"，还要换上男方送来的新衣服。发型的改变，表示已成为妇人。然后再放鞭炮表示"开脸"已经完毕了。

（七）发亲（发轿）

姑娘先在设了香案的祖宗牌位前下跪，叩头，然后由族中亲人将花轿从迎婚人手中接过，搁到大门口（也有将花轿抬进堂屋后关上大门的），由女方"上头"人或母亲给姑娘穿上轿衣，搭上盖头，然后换鞋。换下的旧鞋由姑娘朝肩后丢去，把手巾丢到身后。还要倒点酒在铜锣里，让姑娘喝一口（表示"同乐长久"），再将姑娘牵入花轿，上好护身的围带，以免颠簸或被抛出轿外。还要把姑娘轿衣上的扣子解掉两颗，象征从此改掉一切不良习惯，然后放下轿帘，交给迎亲人。

（八）送亲

女方事先请好送亲夫妇（或亲兄弟，或堂叔兄弟，但必须是原配且生有子女的），花轿出门后，即紧随在花轿后面。到男方后，住一夜，第二天拜客早饭后返回。

三、婚后来往

（一）回门

婚后第三天，新婚夫妇要去女家"回门"，女婿要在岳父母家的香火前跪拜，有些地方要请岳父母到场"受礼"。跪拜时点男方送去的香烛并摆些礼品，两家距离不远，则在当天返回；距离远的，则在第二天返回。回女家时，新娘在前，新郎在后；回男家时，新郎在前，新娘在后。新娘离娘家不时回头去看。拜新年和打端阳，同样如此。

（二）拜新年

新婚夫妇第一次到女家拜年称为拜新年。一般选在双日，如正月初二、初四。去时，女婿先进堂屋向女方香火跪拜。在订婚或结婚时，男女按女方亲戚的多少、亲疏，准备若干肘子或其他礼物，分送给他们。在姑娘出嫁时，凡是收了礼品的亲戚，都要送些细软，如一床被子或全套床上用品作为嫁妆。拜新年时，又要给这些亲戚送去礼品，各家收到礼品后，不仅要送来小吃，请到家里吃饭，还要给与礼品价值相当或略高的"打发钱"（喜钱）。

（三）打端阳

婚后的第一个端阳节，新婚夫妇必须一同去女家"打端阳"，送些礼物，女方家要给女婿、女儿每人一把伞或一顶草帽。一般当天来回，距离远的留宿。

（四）恭生

即恭贺生日。酉阳人读"恭"为"Jiong"。凡女方直系长辈生日，特别是"整十生"（60、70之类），女婿、女儿必须送去盐、茶、米、豆及衣服、鞋子、袜子、帽子及其他礼品。祝寿时先要"摆礼"。如果有几个女婿，常常互相攀比，显财比富。祝寿时，请寿星上座。女婿、女儿依次行跪拜礼，寿星则以吉言"封赠"。

（五）堂祭

女方的直系长辈去世，女婿、女儿须于出葬的头天下午或晚上，将杀好的牛、猪、羊抬去祭奠，称为"堂祭"，女婿、女儿要按亲疏辈分戴孝，读祭文，行三跪九叩礼。

婚后，两家成了至亲嫡戚，无论哪一方有事，都要到场商议或相助。

第三节　寿礼

❋ 知识链接

在源远流长的寿诞文化中，对性别和不同年龄段的寿诞日有一些专门的称谓，如"弄璋"指男孩诞生；"弄瓦"指女孩诞生；"悬弧之辰"指男子生日；"悬诞之辰"指女子生日。

🔍 想一想

伴随着祝寿礼的产生，诞生了一种在寿诞礼上使用的专门文体，即寿诞礼辞，包括祝寿柬帖、祝寿锦幛、祝寿诗词、祝寿楹联等。请列举你所知道的关于祝寿的贺词、诗词等。

寿礼有大寿和一般寿庆之别。一般寿庆称为"闲生"，是指家庭成员除整十生以外的生日。成年人的闲生，一般只有至亲嫡戚前来祝贺，不另外请客。未成年人的生日，家中弄些好吃的，或缝制一套新衣服、一双新鞋子等以示庆祝。

大寿是指"整十生"。重庆苗族地区一般50岁起开始操办整十生酒。50为半百，60为满旬，70、80、90便要大庆。这种整十生，男性要提前一年，即70岁生日，69岁时整酒；女性则延后一年，即70岁生日，71岁时整酒，有"男整进、女整出"之说，因"十"与"死"音近，所以避开"整十"时整酒。届时，亲友要送寿匾、寿联。有钱人之家，匾、联为黑漆退光，以朱砂或金粉涂字；中等家庭则用红纸或红绸书写对联相赠。也有送寿屏（即以木刻黑漆退光涂金字，或在绸子上绣花鸟图案或绣制寿字、寿序等）、送寿幛或《八仙上寿图》等。至亲的晚辈则要送寿衣、寿鞋，还要赠送糖酒肉蛋等礼品及现金。生日的头天晚上要拜寿。让寿星（或夫妇）坐在堂屋正中的椅子上，如长辈健在，也要请来接受朝贺；如有兄弟，也来陪坐，接受朝拜。儿女子孙按长幼、尊卑、亲疏的顺序叩头行礼，有礼生喊礼。礼生由家族中有名望的成年人担任，寿星要给拜寿者封赠一些吉言。拜寿时，同样要设香案，供柑子，以昭告祖宗。送礼时，主人以寿碗相赠。晚餐有酒菜，但不煮饭，只吃面条，因面条长瘦与"长寿"同音，所以，称为"吃寿面"。第二天早饭，才办席，称为"寿席"或"寿宴"。有些地方则不留宿，祝寿和吃寿面以后，客人便各自散去。

满97岁便可整"百岁酒"，因为加上闰月，实际上已有100岁了。气氛自然更加隆重一些。同样祝寿、吃寿面，只是寿碗称为"百岁碗"，客人以为吉物，十分珍视。

第四节　丧葬礼仪

🔍 **问一问**

你们知道丧葬的起源吗?

(一) 临终训嘱

老人病危时，所有的亲属子女守候在老人床前，听训遗嘱。老人弥留之际，亲属子女大声呼喊，直至把香、三斤六两纸钱焚烧成灰烬，将灰烬装进布袋，扎附于逝者身上，据说这样方能使逝者到阴间后有钱用。邻居长者纷纷前来丧家帮忙处理丧事，他们或派人去请祭司，或吩咐丧家家族成员向亲朋好友报丧，或安排众人迎接宾客，所有治丧人员都很认真地做好自己分内的事情。

(二) 逝者净身

祭司来到丧家后，为死者举行解除死神仪式。该仪式结束后，丧家老少放声恸哭，在旁治丧好友只能含泪吞声。传说哭声太大会惊动死者魂灵，使死者在阴间失去指引，找不到通往故土的道路，成为没有归依的孤魂。随后，由一异姓老人摘取桃枝和菖蒲叶，置于锅内加水煮热，为逝者沐浴净身。将水从头、面、颈部淋至下肢，反复三次，每次换一盆水，虽是象征性沐浴但却不能乱序。第一、二盆水倾倒在人踩不到的地方，第三盆水置于隐蔽处，待为逝者招魂后方能倒出家门。此时祭司高声呼喊死者名字，"现在为您洗澡，把您洗得干干净净，到阴间后，男的好认兄弟，女的好喊姊妹……"之后为逝者穿上寿衣，堂内又一片悲恸哭声。

(三) 停尸

将尸体停于堂屋正中，平放在铺着垫单的木板上，脚向左边中柱，头靠"鸡型枕头"。若死者为男性，需剃光头发，包上头帕。头帕前方缝一块红布，意为死者的标志。以男左女右的方式在死者手掌内放一叠纸钱，手心向下；将棉线当作死者裤袋，棉线的数量与死者年龄相同。为死者装束完毕后，待到提前看好的时辰装棺入殓。

（四）装棺

死者尸体停放木板上，若事前未备棺材，此时必须尽快买来。装殓时，按照死者年龄，每岁一张草纸，把草纸折成三角形或"八"字形铺在棺底，连同垫单一道将死者放置棺内。用单数瓦片（如三、五、七块）放在死者头部或肢体两边，从孝子身上剪下小块布料一并装入棺内，盖上阴被，合上棺盖。棺材头部朝向神龛处，尾部朝向大门外。棺材下端点亮一盏灯。棺尾前竖起两扇门板，粘贴上灵位，点燃香火、灯烛祭祀。

（五）打绕棺

绕棺仪式，从开吊当晚起至逝者安葬前结束。绕棺间隙，守灵孝女唱丧歌，亦称哭丧。丧歌均为随口编词，内容多是诉说死者功德、生者惦念死者之情以及生者未能报答死者养育之恩的愧歉心情等。

打绕棺都是由专业人员进行，成员5~7人，备有唱本，调子基本固定。歌词内容因死者性别而定。如死者为女性，打"血盆绕"，死者为男性，打"失亡绕"，而"迎灯绕""弥陀绕""香山绕"则男女性死者均可用。倘若丧母，就有老母养育之恩唱段，如："诸佛如来把人劝，为人需当孝为先，父母恩情难尽叹，好比海阔与天空，十月怀胎母受难，三年哺乳费心田，抱儿夜睡大小便；屎尿解在娘身边。右边湿了左边换，左边湿了往右边。左右湿了无处转，将儿抱在怀里眠。待儿醒来找奶含，彻夜娘难合上眼。娘怕乳少儿可怜，口嚼饭来喂儿舔。娘的恩情似昊天，现在想来泪涟涟。""母亡来时走得忙，孝子哭得泪汪汪，母亲在世受苦难，死后空手见阎王，灵前摆的好供养，未见老母动口尝。千哭万哭灯一盏，千拜万拜纸一张。灵前祭奠无娘亲，无非敬供儿心肠。"唱歌之人悲哀深沉，常常引起旁边吊丧者凄然泪下。

（六）出丧

出丧时辰来临时，祭司面朝门外念祷词，突然大吼一声，持板斧把置于棺盖上的饭碗敲碎，表示发丧。此时在场青壮年一声吆喝把棺材抬出堂屋，放在屋外的板凳上，用粗草绳将两根大杠附棺材两旁捆牢，祭司将一只公鸡放在棺盖上。主家把死者生前的铺草烧于村外，并在堂屋中央摆放一张桌子，桌上放半碗白米，待随棺上山归来的人食用。这时，死者舅家一人腰挎篾篓，手持镰刀勾住堂屋大门横梁，高呼"喝、喂"三声，随即出丧。出殡时，死者舅家辈分高的人，身披白布，手执火把、

"草刀"引路，抛撒纸钱。孝子孝孙紧跟，每走三五十步，转身下跪迎棺。抬棺青壮年逢山过山，逢水过水，荆棘遍地也不回避。在途中适当地方休息，死者舅家或女婿方急忙撒糖果、分发香烟、敬酒，抬棺队伍一阵"喝喂"，继续抬棺前往墓地。途中休息次数视主家舅方或女婿方数量而定，走走停停直到墓地为此。不论路途远近，一路上锣鼓声不断。

（七）安葬

墓地由当地祭司架罗盘择定方位。棺材抬到墓地时，祭司用白米在墓穴底部画上太极八卦图案，置少许朱砂于墓穴四周，放下公鸡去啄米。死者亲属子女绕墓穴一周，儿辈长者呼唤死者三声，说几句告别话，棺材缓缓放入墓穴。祭司下罗盘，正方向，撒金米，孝男孝女齐跪穴前，用双手向后折起衣摆，接受祭司撒来的金米。祭司念道："脚踏亡人棺，子孙发万千，寻得真龙地，儿孙有大贵。此米不是非凡金米，昔日西天去取经，带得金砂米二升，东主将米画顺卦，西主将米庆龙神。庆得龙神龙开口，五龙在地胡子孙。从今亡者安葬后，家发世代斗量金。二十四山听吾言，七十二龙听君宣。吾均不是寻常客，乃是江南白鹤仙。今日神仙来点穴，拨开龙口葬先贤，听师撒动金砂米，儿孙世代有余钱。手拿金米撒向东，东方龙神听吾封。手拿金米撒向北，北方龙神听吾曰。手拿金米撒中央，中央神龙赐祺祥。米撒上，富贵荣华家兴旺；米撒下，百子千孙多发达。借问孝家要富要贵？（孝家即答：富也要，贵也要）要富赐你富，富如石崇；要贵赐你贵，贵比陶公……"祭司念诵完毕，孝男孝女立即将盛有金米的衣兜勒紧，起身跑回家中。据说谁先跑到家，谁的运气就最好。余下的治丧青壮年，铲土壅坟。凡去墓地参加葬礼之人，回到死者家中堂屋门外时，须从事先摆放好的米碗中抓几颗米抛向脑后或身后，并将几粒咀嚼后吐出，意即与死者断绝关系。

（八）招魂

招魂需择吉日进行，一般选在葬后三五日内的某天夜晚举行。招魂场所设在火坑前边，由祭司主持。招魂祭具有：一支金属轻铃；一把锄板，并用一截白布将一束水菖蒲捆绑在上面；一只盛着火灰的瓷碗。当场找一人掌握锄板并与祭司并排而坐。祭司面前摆放"信咚"和一碗火灰，碗内燃烧黄腊纸钱，屋内烟雾缭绕，气氛严肃。

招魂开始时，祭司双手在碗上旋转两圈，口念祭词，叩请祖师及全家先灵帮回日落西边，一会寻找田边土角，一会寻往溪边河畔。找遍人间大地，最后转向帮助寻找死者漂泊不定的灵魂。祭司顺着阴灵的指点，一会找到日出东方，一会找虚无缥缈的"天堂"。寻找结果如何，以握锄者手中的锄板是否抖动为准，若锄板频频抖动，视为已经找到死者的灵魂。找到死者灵魂时，祭司高喊死者名字："您与人间阴阳异路，原来您是阳间人，现在您是阴间鬼，不信看您头上戴着的"红令"，全家老少在为您哭泣（此时全家放声恸哭）；现在您已经离开人世，与家人已经阴阳两分，为了您在阴间得到快乐，凭我祖师和您祖宗的阴灵，把您指引到安乐的地方；一魂引向东方故土，回居我们老家，借着冉冉升起的日光和祖宗阴灵聚，早晚享受儿孙的供奉。"念毕，帮忙者主关照人间的儿孙；一魂引向西天极乐天堂，让您享受不尽愉快；一魂留住饭给死者灵魂。煮饭时，将三角倒置。祭司一边手拿一条五六寸长的白布念咒，为主家问卜；一边探察吉凶祸福，祈求祛除瘟疫，消灾赐福。祭司将白布向上拉直，以不倒者为吉兆，以向下倒垂者为凶兆。然后用酒、肉等以敬奉亡灵。

午夜，祭司主持洗礼仪式。将熟糯米粑摆放在夯果处，祭奠祖宗灵魂，请祖宗入座，接着把为死者沐身的第三盆水倒掉。然后将干净水和一件银器装进盆内，让摸过死者尸身的人洗身，并用这盆水喷洒安葬所用过的搭耙、锄头等工具，表示洗礼。

翌日早晨，用竹篾编一只简易背篓装上祭奠用过的糯米粑，用死者遗物中最好的一件衣服搭盖上面，给死者舅家送去，以作安慰或纪念。至此，丧葬仪式即告完毕。

第五节 其他礼仪

"社交娱乐性"的节日是重庆苗族传统节日中比例较大、活动内容丰富多彩、传统节日形式活泼多样、最具观赏性和参与性的节日类型。重庆苗族大多有男女青年自由恋爱的传统，大多数男女青年对自己的婚姻都有相对的自主权。因此，重庆苗族"社交娱乐性"的节日很多，最为著名的有"赶年场""三月三""踩山节"等。

苗族世代从事农业生产，男耕（猎）女织（编），与当地汉人和睦相处，共同发展。劳作丰收之余，也举行类似汉族的欢庆丰收和集贸游乐活动，开展群体性的聚会，逐步形成"踩山节"。苗族"踩山节"是苗族的传统节日，苗族语叫"哦好道"。据相关文字资料佐证，明末清初，每年的农历正月初二至初五，川黔两省交界的綦江、南川、桐梓、道真等邻近地区的苗人聚会，与汉族等举行"踩山会"活动。活动由德高望重的族长或相应的苗人发起并主持。在活动中，既有苗族歌舞、竞技表演，又进行自由贸易、物资交流，并为苗族青年男女联络感情、求爱定情提供机会，邻近乡亲也借此聚会商定人情家事、婚姻媒证等事宜。

"踩山节"也盛行于南川市山区苗族人中。南川苗族属红花苗，能歌善舞，十来岁以上的男子均会跳芦笙舞，女子以歌唱为主。农历每年正月初一至十五日，是苗族的未婚青年男女以吹笙对歌互表衷情、寻找如意伴侣的大好日子。踩山之前相互邀约，选择天气好的吉日良辰，穿上节日盛装，打着花伞，带上芦笙、箫笛或口琴，成群结队地上山踏青，边唱边跳，尽情欢乐，各自显示自己的特长，以求找到满意的终身伴侣。

"社交娱乐性"节日是在特定的时间段内以特定的仪式为外在形式，以族群男女青年为主要参与者，以谈情说爱为主要内容的民俗活动，也是一种社会的文化活动，具有浓重的择偶氛围，是节日拥有者男女青年制造缠绵、释放浪漫的时空，许多男女青年正是通过这些节日集会，在"以歌传情、以舞表意"的缠绵中缔结下百年之好的。

《酉阳州续志》：正月、二月，治农器，修水道。陶令《彭志》：正月元日，绅耆士民厥明兴列香烛，拜祷于天地君亲师、社令、司户、田祖、井灶之神，洒扫祠宇，设牲醴，陈果品，以祀其祖考。男女以次拜于尊长，次出其宗族，乡邻曰贺节，家具酒食，迭相邀饮，曰春饮。立春前一日，具彩亭，和水土，为春牛，迎之东郊，曰迎春。案：今州属迎春之制，设彩亭数架，以童子数人杂扮古事，东门以出，北门以回，祭官朝服明轿，异以八人，余官亦朝服盛饰，侍从皆骑马，后随胥吏各手执彩缠杨枝，追逐至坛，各官行礼后，喧阗而返。是日倾城往观，真有举国若狂之乐。但牛以土制，斯谓之土牛，今县属乃有以箴扎纸糊，而谓之土牛者，名与实举相刺谬矣。立春日，州县官祀于勾芒之神，礼毕，以一人善口辩者，奔走陈说，曰说春。以彩鞭鞭牛碎方已，曰打春。案：打春之制，各地异宜，有打碎后将牛首留之库内，以禳丰年者。州属则官吏击牛后，农民纷纷夺去，言或土或纸，置诸栏内，足以远辟牛瘟也。其说春者，名曰春官。冬帽木顶，有编就成语，随口演说，至次日则以小纸印十二月朔望甲子，及节气大小，尽谓之春帖，以木为牛谓之春牛，家至户到，而说春焉。其黠者则丑，首戴纱帽，乡俗小儿，哄笑聚观，然其所得者，仍无几也。

元旦至初九，九日内俗有不茹腥荤者，谓之上九斋。元旦以后，村市小儿聚踢毽子，或为秋千之戏。初三四日以后，有龙灯之戏，州属市镇乡村皆有之，唯龙潭镇为盛。四乡之龙皆集于镇，夜必数十条或百余条，至上元夜而后止。其万寿宫一龙曰老龙，系乾隆四年所制者，尤瑰奇，长约十丈，大三围，执以四十八人，大亦二三围，执以三十六人。二龙之出，锣鼓振地，烛火灼天，诸龙皆不敢又天后宫一龙曰鸭子龙，龙颈长八九尺抗，此升平之盛事，市镇之奇观也。至于跳狮子舞、斗牛、请七姑娘、以小女子端坐，执香祝之，忽若昏睡，寻而能唱歌谣请背箜神、背箜即竹篮，以卧小儿者，执香祝之，能满室跳动。请地牯牛两人卧地，执香祝之，忽复昏睡，寻跃起以肩首相触，如牛斗然。等戏，随其乡俗，亦所在有之。元宵夜，户张彩灯，鸣击金鼓，以童子扮饰，演习歌舞，曰闹元宵。案：闹元宵之戏，彭水为盛，然自朔至望，无夕不然，但元宵则灯火更盛耳。元宵后三日，村市之中尚有曼衍鱼龙喧阗金鼓者，盖自吴越王金钱买灯之后，民间尚沿其遗风也。

二月，村民治农器。是月上丁，州县官斋宿从事于圣庙，次日祀山川社稷诸神。是月初三日，为文昌帝君诞辰，州县官遵制祭祀外，绅士亦有私祭或演戏宴会者。俗又以初二日为社公生日，就小祠祭祀宴会，或演傀儡杂戏，连朝匝月。是月，童冠之就传者，皆入塾读书。游闲之子及小儿辈为风筝之戏。

端阳日，户插菖蒲艾叶，以雄黄书福寿字于小儿额上，馈角黍，观竞渡。案：雄黄足以辟蛇虺，故乡民于五日日中以之遍洒门户，以及墙壁阴湿之处。又有于是日采百草煎水以浴者，有入山采药储之以备用者，至竞渡，则近江之地时有之。十三日，相传为武圣诞辰，今已列在祀典，民间是日亦于庙中赛会，谓之磨刀会。因桃园结义之说，故有异姓通盟者，皆以此日为吉期。而是日大雨江涨，俗亦谓之涨磨刀水。十五日，谓之大端午，角黍、竞渡与五日同。

六月耘苗。《陶志》亦云：农人薅秧、去稗、锄草，以养嘉禾。案：薅秧有一薅、二薅与三薅者，薅之勤，则粟壳薄而米粒坚，故农家作劳其用力至者，其收自倍也。山土之薅草亦然。六月六日，相传禹王诞辰，有祭祀宴会，然唯楚商或原籍两湖者行之，土人无与也。是日，土氏曝币帙、衣服丁距。

七月早稻熟。案：州属早稻亦有以六月熟者。早豆熟，刈麻割漆。七夕乞巧，士人以为魁星诞辰，馆塾之中皆有祭祀。七夕，妇女献瓜果，祝天孙。案：今七夕乞巧，州属士人间一行之，盖缘柳子厚《七夕上天孙乞巧文》之意而作，至妇女对月穿针，则久无此风矣。十五日，州县官祭无祀鬼神。案：是日为道书之中元节，城市乡村居民以纸裹楮钱，标记其上，焚化之，以供其祖先及家人之已没者，但不于中元节，而于前一二三日焚之。谓中元则地藏菩萨说法施赈，鬼必往赴其会也。至寺庙之中，则有设盂兰会，放焰火与河灯者，故俗以中元为鬼节。而是日州县官祭历，迎神隍神，出北门，杂扮彩亭仪仗、鬼卒囚徒，闹哄喧阗，与迎春等。是月，家选吉辰，以荐新于田祖及祖考，日食新。案：荐新以时，食不专，惟七月为然，其玉蜀黍有以五月荐新者。

八月稻大熟，获稻。是月上丁，祭祀如二月礼。初二日，俗以为社公会，礼如仲春二日。中秋夜，士民设香烛，供月饼，鸣金鼓达旦，曰赏中秋。是夜，民间有偷瓜送子，以为戏乐者。其俗瞰蔬圃中大冬瓜，潜踪摘去，送人无子者之家，家具酒食以为宴乐，然往往有应验者。失瓜之人，或从而咒骂之，则其应更速。不可解也。

九月朔日至初九日，民间有食九皇斋者。九日，士民佩茱萸，饮菊酒，登高。是月收早荞及包谷，《续州志》获晚稻、案：山田之稻，此时方熟，非尽晚稻也。菽粟麻。以上各物，亦有七八月内刈获者。是月十九日，观音大士生辰，求子祈福者或祀于寺，或祀于家，城乡皆然。二月十九、六月十、九二日亦如此。

十月朔日，州县官祭无祀鬼神。《陶志》：村塾中有解馆罢读者，主人另议薪水之费以延师，谓之议冬学。是月刈获告竣，农家登仓廪，或露积陇上，农务俱毕，放牛于山野。收晚荞。案：近年来，九十月交，收红薯者尤多。是月种麦。桐籽茶子熟，山农之采拾者络绎于道。仍有采摘之后，妇女小儿于草中叶底寻觅而得者，谓之散桐

籽，亦如获稻时遗秉滞穗，足为寡妇之利也

十一月剪茅覆屋，乏食者采蕨于山，至春三月乃止。案：山农之自食其力者，冬晚无事，掘蕨为食，储其米麦，以为来岁之资，非徒乏食者然也。日冬至，庶民各祭于宗祠。

十二月，伐茅茨为春薪。置筒车，修堤堰，为来岁计。初八日，杂果蔬辛物入米，同煮糜，曰腊八粥。二十三日入夜，以果品香茶祀灶神，谓之送灶。亦有于二十四日行之者。是日扫舍宇，易楹联，谓之小年夜。除夕前，家治果饼相送遗，曰馈岁。除夕日，换桃符，放爆竹，以袚除不祥。列户挂五色彩钱，插楮钱于先人之墓，设牲醴以祀祖考。治椒酒家宴，少者以次拜其尊长，曰辞年。

后 记

首先感谢酉阳职教中心以及校领导给我们这次编写教材的机会，也感谢酉阳土家族苗族自治县民宗委、彭水苗族土家族自治县民宗委、彭水职教中心等有关单位的大力支持。

本书的第二章的第五、六节，第五章的三、四节，以及第六章整章由黄梦老师编写。第一章整章、第二章的第一至四节由黄城老师编写。第三章的二至六节和第四章整章，第五章的第一、二节由张娅老师编写。第三章的第一节以及第七章整章由左珊老师编写。

本书摘录了地方县志，并将邹明星等老师的大量本土文献作为参考，周兴茂教授指导了本书的编写。由于时间紧任务重，不足之处敬请批评指正。

编者

2021 年 10 月

参考文献

[1] 孟子·告子下.

[2] 礼记·祭义.

[3] 养蒙便读·言语.

[4] 墨子·亲士.

[5] 礼记·曲礼上.

[6] 邹明星.酉阳人文[M].成都：巴蜀书社，2015.

[7] 周兴茂.土家学概论[M].贵阳：贵州民族出版社，2004.

[8] 王鳞飞.酉阳直隶州总志·风俗志[M].成都：巴蜀书社，2009.

[9] 酉阳土家族苗族自治县民族宗教事务委员会.酉阳土司志[M].成都：四川科学技术出版社，2020.

[10] 彭水苗族土家族自治县民族宗教事务委员会.彭水苗族土家族自治县民族宗教志[M].重庆：重庆出版社，2003.

[11] 余云华.重庆市志民俗志[M].重庆：西南师范大学出版社，2009.

[12] 罗莲祥.贵州苗族礼仪文化研究[M].北京：中国书籍出版社，2014.